Dans le chœur
de la famille Lefèvre

Anne et Gabriel Lefèvre

Dans le chœur de la famille Lefèvre

Les grands gagnants de « La France a un incroyable talent »

PLON
www.plon.fr

« **RENAISSANCE** »
une collection des éditions PLON
dirigée par Valérie Rossellini

92, avenue de France
75013 Paris
Tél. : 01 44 16 09 00
Fax : 01 44 16 09 01
www.plon.fr
www.lisez.com

Dépôt légal : novembre 2021
ISBN : 978-2-259-30996-7
Mise en pages : Nord Compo (Villeneuve-d'Ascq)

Avant-propos

Dès l'instant où il nous a été proposé d'écrire ce livre, mille questions nous ont assaillis. Pourquoi publier un livre sur notre famille et notre aventure ? À qui se destinerait-il ? Qu'avions-nous à dire qui pourrait intéresser les gens ? Dans les premiers temps, nous ne comprenions pas bien l'intérêt d'un tel projet. Malgré ces hésitations initiales, l'idée de raconter notre histoire peu banale et de saisir cette occasion pour exprimer nos points de vue sur les sujets qui nous tiennent particulièrement à cœur a commencé à germer.

Après tout, notre parcours dans l'émission « La France a un incroyable talent » avait suscité de nombreuses interrogations auprès des téléspectateurs, notamment sur les raisons de notre victoire.

Si, pour certains, cet événement était emblématique de la soif de notre société de plébisciter une image de l'harmonie et de l'unité dans un monde en souffrance et ébranlé par les tensions, les inégalités et une forme d'individualisme, une question demeurait en suspens pour beaucoup : « Qui était vraiment la famille Lefèvre que des millions de personnes découvraient à travers le chant ? »

Après les bouleversements qu'implique le passage dans un programme de télévision aussi regardé, en dévoiler toujours plus au public nous semblait trop intrusif et impudique. Cependant, les nombreux témoignages d'encouragement que nous avons reçus après notre victoire à ce concours nous ont finalement décidés à nous lancer dans ce projet éditorial.

Les pages qui suivent retracent notre histoire familiale et notre expérience à chaque étape de « La France a un incroyable talent ». C'est aussi une exploration de sujets aussi fondamentaux pour nous que la famille, l'éducation, la musique, la foi. Tout ce qui a fait ce que nous sommes au quotidien, ce que nous nous efforçons d'être.

Écrire ce livre est un tout autre défi pour notre famille, une nouvelle expérience ; nous espérons pouvoir compter sur votre indulgence et votre bienveillance.

Bien entendu, les réflexions présentées au fil de ces pages, sous la forme d'une sorte de dialogue reconstitué entre nous, Gabriel et Anne Lefèvre, les parents, sont personnelles et ne constituent pas un jugement de valeur.

Avant-propos

Nous souhaitons modestement vous convier à ce tour d'horizon de nos choix de vie et partager ce qui nous procure chaque jour de la joie, comme nous avons aimé partager avec vous la musique, et plus précisément la musique sacrée, qui nous fait vibrer.

1

Comment tout a commencé

Gabriel : « J'ai reçu un message bizarre sur Messenger », me dit un jour Anne. Apparemment, le fameux concours télévisé de M6 « La France a un incroyable talent » cherchait à nous contacter. Notre famille regarde peu la télévision, mais je connaissais cette émission, j'en avais plusieurs fois regardé des extraits sur YouTube, intrigué par un format proposant des performances que l'on ne voit pas ailleurs. Avec les réseaux sociaux, il est très facile d'accéder à une multitude de contenus, d'autant plus que l'émission se décline à l'international. Je me souviens d'avoir été fasciné par des performances de chants *a cappella* superbes, des chorégraphies acrobatiques de groupes hallucinantes. L'intérêt pour le spectateur est de se trouver en présence de disciplines ou de prestations inclassables et qui ne trouvent leur place dans aucun autre programme. Si certains candidats participent avant tout pour se faire de la publicité et endossent une image attendue, calculée pour plaire au public, vous pouvez aussi tomber sur d'authentiques amateurs, au sens premier du terme, à savoir des passionnés de leur discipline. Il y a aussi des gens vraiment fous qui viennent présenter des passions plus lunaires. Enfin, le jury, dont les réactions provoquent parfois l'hilarité, complète cet ensemble unique et étonnant, même si, je le reconnais, il y a aussi des numéros qu'on éviterait bien.

Passé la surprise d'avoir été sollicités par l'intermédiaire d'une messagerie, l'excitation a pris le dessus. Les questions et les remarques fusaient.

« Est-ce une blague ? » Au sein de notre famille, nous étions tout à la fois intrigués, flattés, excités mais prudents, émettant tout de même beaucoup de réserve.

Afin de tirer l'affaire au clair, un rendez-vous téléphonique a été pris, au cours duquel Anne a longuement discuté avec Louis-Marie, de la production de « La France a un incroyable talent ». Le verdict est tombé : non, il ne s'agissait pas du tout d'une blague, la production souhaitait vraiment que nous nous produisions dans l'émission.

Anne : Quand je repense à la réception de ce message, je me souviens de l'excitation qui s'est emparée de moi et des enfants, mais, en réalité, ma première réaction a été de craindre qu'il s'agissait d'une fausse proposition cachant un virus informatique. Il fallait donc appréhender la situation avec prudence. « On ne s'emballe pas », ai-je dit lorsque la réalité de la proposition a commencé à se concrétiser. « Prenons le temps de réfléchir avant d'aller plus loin », a ajouté Gabriel qui a l'habitude de temporiser avant de prendre une décision importante. Quant à moi, je suis d'un tempérament vif et spontané, mais un temps de réflexion s'imposait pour discerner nos motivations. Un point positif émergeait. Participer à « La France a un incroyable talent » pouvait nous permettre de faire partager notre passion pour la musique sacrée. Un répertoire immense dans lequel il allait falloir piocher un titre emblématique et fédérateur pour l'audition. Nous avons commencé à échanger les idées avec les enfants, à faire des essais, à peser le pour et le contre.

Quelques jours plus tard, c'était au tour de Gabriel de discuter au téléphone avec la production.

À l'issue de cette conversation, nous étions tous au diapason, prêts pour l'aventure !

Gabriel : Cette invitation m'inquiétait autant qu'elle me séduisait. Certes, j'avais pu être fasciné par les numéros de l'émission que j'avais regardés, mais y participer était tout autre chose ; l'inconnu nous attendait.

Quel accueil nous réserveraient le jury et le public ? Comment notre famille serait-elle touchée par cette expérience ?

Notre principale crainte était de ne pas nous montrer à la hauteur de l'enjeu artistique. Nous étions bien conscients du caractère inhabituel, et même hors de l'ordinaire, de notre famille, une famille dont cent pour cent – on pourrait même dire « cent pour sang » – des membres chantent en latin et en français, en anglais, en italien ou en russe, suivant les langues d'origine des œuvres que nous interprétons. Mais si nous relevions le défi, allions-nous pouvoir rester dans notre univers, ne chanter que notre répertoire ? Notre démarche devait être claire : nous ne chantions que de la musique sacrée, pas de la variété ou de la musique profane. Non pas parce que nous n'apprécions pas ces genres musicaux, mais parce qu'ils ne correspondent pas à nos habitudes. Enfin, nous étions persuadés que la musique que nous chantons pouvait néanmoins toucher tout le monde. Lorsque j'ai senti que Louis-Marie était du même avis, nous avons pu commencer à envisager l'étape suivante.

Anne : En tant que chanteurs de musique sacrée, participer à cette émission était l'occasion de faire entendre quelque chose de nouveau, d'apporter un peu de souffle divin sur un plateau où les numéros sont très éclectiques. Notre répertoire est inhabituel, peut sembler saugrenu à beaucoup, non seulement dans le cadre du jeu, mais pour la télévision en général, qui plus est à une heure de grande écoute.

Concourir représentait donc un défi de taille, une vraie prise de risque. Ainsi, il était essentiel que chacun des enfants prenne pleinement conscience de l'enjeu.

Gaël (21 ans) et Blanche (20 ans) étaient tous deux extrêmement motivés, ce qui représentait un atout considérable. En prenant la mesure de ce qui se jouait, Clément (17 ans) et Emmanuel (15 ans) se sont également montrés très enthousiastes. Quant à Colombe (11 ans) et à Raphaël (7 ans et demi), c'était pour eux quelque chose d'assez étranger à leur monde, il leur était difficile d'avoir un avis de prime abord.

Les différentes étapes de préparation à l'émission allaient nous permettre de faire participer la famille au complet et de voir l'intérêt grandir au fur et à mesure en chacun des enfants.

2

Le chant et notre famille

Gabriel : La production trouvait que la prestation de chant de notre chœur polyphonique familial avait toute sa place dans le programme. Chanter ensemble, c'est une habitude que nous avons prise depuis toujours lorsque nous prions en famille. Oui… vous avez bien lu. Autant le dire tout de suite, nous sommes catholiques pratiquants. À la maison, c'est un rituel quotidien. Après le dîner, avant de se coucher, nous prions ensemble. C'est un vrai moment de retrouvailles, une autre forme de partage que celui du repas. Une union plus spirituelle, dans le dialogue et dans l'écoute, où nous nous mettons en présence de Dieu. Comme vous pourrez le constater au travers de ce récit, la foi explique de nombreux aspects de notre vie. C'est d'ailleurs souvent dans ce cadre que nous chantons : lors de l'animation de la messe, des veillées de prières, de mariages et de baptêmes, d'une manière générale de tout ce qui est au service de la foi dans l'Église. À cela se sont ajoutés des concerts. Cela fait maintenant près de quatre ans que nous avons donné notre premier récital.

Anne : Notre première grande expérience de chant s'est déroulée à l'abbaye Sainte-Marie de Lagrasse dans l'Aude où nous avions passé une semaine en famille, en août 2017. Nous avons des affinités avec le frère Jean-Marie, responsable de la musique à l'abbaye et très bon musicien. Nous chantions à la messe tous les matins, à 9 h 30. À la fin du séjour, frère Jean-Marie a eu l'idée de faire profiter les touristes de nos chants. Nous avons donc interprété six pièces allant de la Renaissance à nos jours, dont le *Miserere* de Gregorio Allegri. Un morceau long et difficile, mais que nous avions déjà beaucoup chanté, Gabriel et moi, avec notre ensemble vocal, L'Offrande lyrique. Le *Miserere* figurait dans un de nos programmes de musique baroque. Il avait toujours rencontré un franc succès. Cela a été chaque fois un vrai bonheur de le donner en concert. L'Offrande lyrique a été créée en 1998, avec une douzaine d'amis chanteurs ; nous avons très souvent chanté ensemble et le faisons encore. Ténor professionnel, Romain Champion vit de sa voix et nous dirige d'une main de maître. Nous avons pu véritablement profiter de son savoir-faire et de sa sensibilité artistique. Depuis vingt ans, nous avons pu, au fil des années, monter de nombreux programmes et acquérir une grande expérience. La particularité de cet ensemble vocal est qu'il associe des professionnels à de bons amateurs, l'amitié étant le premier lien qui nous rassemble. Au sein de L'Offrande lyrique, chaque voix compte, le degré d'exigence est le même pour chacun des chanteurs, ce qui implique une recherche du détail et de la précision. Cela nous a donné le goût de la nuance exacte, de l'expression juste pour chaque morceau. Ce travail fascinant nous a évidemment permis de nous exercer et nous a préparés à chanter en famille, et donc en effectif réduit. Chanter à un par voix et réussir à trouver un son d'ensemble harmonieux tout en respectant l'identité et la personnalité vocale de chacun relève d'un travail d'orfèvre. L'apprentissage du chant se fait sur de longues années. Chanter en petits effectifs demande une discipline hors norme. On n'a pas droit à l'erreur. On ne peut pas se cacher derrière son voisin. Notre expérience du chant à L'Offrande lyrique ou avec la Maîtrise de Notre-Dame de Versailles, un autre ensemble auquel nous avons participé, nous y a préparés.

Lorsque nous avons annoncé à notre entourage notre passage à « La France a un incroyable talent », les réactions ont été plutôt positives. Certains ont trouvé ça fou, incroyable, mais génial. D'autres se posaient des questions ; pour eux, nous ne serions pas à notre place sur un plateau de télévision. Pourtant, même si nous avions quelques réserves pour nos enfants, nous nous sentions tout à fait à notre place. En effet, par profession, Gabriel et moi sommes entourés d'artistes et de techniciens intermittents du spectacle depuis vingt ans. Les mentalités, la manière de travailler diffèrent de celles du monde du travail ordinaire. C'est un milieu dans lequel nous nous sentons très à l'aise, ce qui constituait déjà un avantage pour nous.

On nous a aussi demandé si nous n'avions pas peur du stress que devait générer une prestation sur un plateau de télévision. Bien sûr, une telle expérience devait être stressante. Mais Gabriel et moi donnons beaucoup de concerts avec ou sans les enfants, ou avec d'autres familles. Nous sommes habitués à gérer le trac, le public. Ce qui allait changer, c'est que nous nous présentions à un concours, donc que nous allions être jugés. À tout moment nous pouvions être « buzzés » et remerciés. Cette sanction est sans doute difficile à vivre pour un artiste, mais nous l'avions anticipée. Chapeau bas à tous les artistes méritants qui, un jour, se sont fait « buzzer » et qui ont accepté la règle du jeu avec fair-play.

Pour nous, notre participation à cette aventure ne serait pas le fruit du hasard, mais l'heureuse continuité d'un chemin commencé un beau jour d'avril. Le jour où Gabriel et moi nous sommes dits « oui ». L'existence est faite d'une succession d'événements. La vie n'est pas toujours simple, et puis un jour tout bascule. Le mariage, les enfants, le quotidien, la musique, « La France a un incroyable talent » et, aujourd'hui, ce livre. Ce que nous réserve l'avenir, seul Dieu le sait. Nous puisons notre expérience dans le passé, vivons pleinement le temps présent et bâtissons notre avenir.

Mais j'aimerais revenir au *Miserere* d'Allegri[1], qui a tant compté pour nous. Cette œuvre a été composée entre 1629 et 1659 pour le Vatican. Polyphonie pour neuf voix d'une extraordinaire beauté, elle est mythique grâce au contre-ut qui est répété cinq fois sur un texte différent. Elle a bercé de nombreuses générations et reste un rêve d'interprétation pour les chorales. Nous avons eu la grande joie de la chanter lors de la semaine sainte, commémoration liturgique de la Passion du Christ pour laquelle elle a été composée. Le *Miserere mei, Deus* (« Aie pitié de moi, mon Dieu »), ou Psaume 50, est particulièrement chanté le Vendredi saint pour célébrer la mort du Christ en Croix. C'est à Mozart que nous devons sa retranscription, qu'il a restituée de tête après avoir entendu jouer le morceau à la chapelle Sixtine. Le *Miserere* est chanté inlassablement depuis sa création. De nombreux auteurs et musiciens, dont Chateaubriand

1.

ou Mendelssohn, ont laissé des écrits à son sujet ainsi que des retranscriptions.

L'œuvre nous était donc familière, à Gabriel et à moi, avant notre arrivée à l'abbaye de Lagrasse. Il ne restait plus, aux enfants, au frère Jean-Marie ainsi qu'à Blandine Phélip, une amie depuis le collège, qui nous a rejoints pour ce chant, qu'à l'apprivoiser à leur tour. Blanche avait 17 ans à l'époque, elle tenait la partie soliste du soprano avec le fameux contre-ut tant redouté. Sa voix très légère était un atout de taille. Ce fut un moment de grâce particulier, nous étions portés par la spiritualité qui émanait de l'abbaye et par l'acoustique remarquable de ce lieu d'exception. Les voûtes ont résonné, et Allegri fut immortalisé. Ce moment familial et amical partagé est resté gravé dans nos mémoires.

Par la suite, les chanoinesses d'Azille nous ont invités à donner un concert de Noël dans l'église du monastère d'Azille, à trente kilomètres de Lagrasse. L'une d'entre elles, que je connais depuis l'adolescence, sœur Philomène, m'a toujours dit que nous lui rappelions les von Trapp, la famille qui a inspiré le film *La Mélodie du bonheur*.

Forts du soutien de toute la communauté, c'est avec une grande joie que nous avons répondu à cette invitation et chanté en famille au cours de ce qui a constitué notre véritable première prestation, avec un répertoire de chants de Noël, dont l'*Hymne à la nuit* de Rameau[1], où Emmanuel a tenu la voix de soliste. Lors de certains chants, les religieuses s'étaient jointes à nous pour ne former qu'un cœur uni. Il n'y a pas de mots pour exprimer les émotions vécues en ce jour. C'était tout simplement magique !

1.

Grâce à ces deux communautés, nous avons compris que le monde des monastères ne nous était pas étranger, et que nous pouvions y avoir notre place de fidèles. Les chanoines de Lagrasse et les chanoinesses d'Azille forment la famille canoniale de la Mère de Dieu. La proximité géographique favorise le cheminement d'une spiritualité commune, l'aide réciproque par des services d'ordre spirituel, intellectuel, matériel et missionnaire. Les deux communautés mènent une vie canoniale selon la règle de saint Augustin qui s'articule autour de trois points essentiels : la communion fraternelle, la vie contemplative et le service missionnaire, dans la simplicité, la joie et la charité. Dès notre première rencontre en 2014 lors d'une session familiale, nous avons été sensibles à la fraternité qui se dégage de cette communauté et à l'accueil qu'elle nous a réservé. Nous avions l'impression d'être compris et rejoints dans ce que nous étions et dans ce que nous nous appliquions déjà à mettre en place, aussi bien dans notre vie professionnelle que privée.

Lorsque nous avons été sollicités par l'émission de M6, nous nous sommes logiquement tournés vers eux pour évoquer l'aventure qui s'ouvrait à nous, et les craintes qui nous préoccupaient à l'idée d'exposer la famille. Il s'est avéré que le père Michel, sous-prieur de l'abbaye, connaissait parfaitement, et même mieux que nous, le principe de « La France un incroyable talent », ce qui nous a beaucoup amusés et réconfortés. En réalité, les communautés veillent à se tenir informées pour ne pas se déconnecter de la réalité. Même s'ils se consacrent avant tout à Dieu, leur ouverture sur le monde en fait des hommes et des femmes modernes.

Père Michel et frère Jean-Marie nous ont beaucoup guidés et épaulés tout au long de l'aventure. Frère Jean-Marie nous a gratifiés de précieux conseils lors de nos tâtonnements pour les choix et arrangements musicaux. À nos yeux, c'est une grande grâce de les savoir si proches malgré la distance. Ils ont su être là quand il le fallait, quand nous avions besoin d'eux.

Gabriel : Certains pourront s'étonner que nous mélangions musique, spiritualité, vie quotidienne et famille. Il est d'ailleurs souvent entendu ou sous-entendu que la foi et la spiritualité doivent rester dans la sphère privée. Pour ma part, je trouve au contraire qu'il y a quelque chose de schizophrénique à vouloir séparer, toujours et partout, le spirituel du temporel.

Rappelons-nous la fameuse maxime : « Rendre à César ce qui est à César ». Beaucoup oublient la seconde partie de la phrase : « et à Dieu ce qui est à Dieu ». En tant que chrétien, je trouve très compliqué de cantonner Dieu uniquement à la maison ou à l'église, et d'être cohérent dans sa vie.

Bien sûr, il n'est nullement question d'imposer sa foi, ce qui constituerait une forme de violence envers les autres. En ce sens, je ne suis pas à l'aise avec le prosélytisme. Il me semble toutefois qu'éclairer ou expliquer ses choix à la lumière de la foi est respectable, même dans un contexte laïc. C'est d'ailleurs sans doute la raison pour laquelle notre choix d'interpréter de la musique sacrée a été si bien accueilli et accepté.

Avant cette aventure télévisuelle, nous avions créé une chaîne YouTube regroupant des extraits de concerts illustrant notre identité musicale et nos valeurs. Il y avait eu aussi quelques articles sur notre chœur dans différents journaux, et nous n'avons jamais caché ce que nous sommes. Une sincérité qui a d'ailleurs touché le public.

Les premiers articles qui nous ont été consacrés sont parus dans la presse régionale et sur le site Aleteia, notamment après le concert que nous avions donné dans le cadre du Mois Molière à Versailles, en juin 2019, et celui au sanctuaire marial de Notre-Dame de Garaison dans les Hautes-Pyrénées, à une heure de Lourdes, en septembre 2019. La Vierge y est apparue trois fois en 1515, et il s'y tient tous les ans un pèlerinage. C'était un moment fort pour nous, et aussi la première fois que nous prenions l'avion tous ensemble afin de nous rendre à l'autre bout de la France. Un baptême de l'air pour certains de nos enfants. Nous avions l'habitude de chanter lors de concerts organisés sur nos lieux de vacances, dont nous étions pour la plupart à l'initiative, mais répondre à une invitation à l'autre bout de la France était tout nouveau. À la suite de ces deux événements, toute la famille a pris conscience du caractère unique, intrinsèque, de ce que nous proposions ensemble. Une étape importante a été franchie à cette occasion.

Anne : Situé au pied des Pyrénées, Garaison est un sanctuaire où règne la plus grande quiétude. Les montagnes s'étendent à perte de vue et le réseau mobile n'est pas desservi… Chanter le temps d'un week-end dans un tel cadre s'est révélé particulièrement agréable et apaisant. C'était comme si le temps s'était arrêté. Bien que concentrés sur notre prestation vocale, nous percevions la joie de notre public. Nous avions le sentiment de leur faire cadeau de nos voix et de l'harmonie qui s'en dégage, et nous recevions en retour leurs sourires comme autant de cadeaux. Seul, un artiste n'est pas grand-chose. La musique est un parfait échange des uns avec les autres.

Pour ma part, il m'était difficile de faire abstraction de toutes les émotions qui m'envahissaient : la joie personnelle de voir nos enfants chanter se mêlait confusément à l'enthousiasme du public.

Ah, la musique ou l'art en général, quelle magnifique porte ouverte à toutes les émotions ! Même si nous sommes sensibles à toute beauté artistique, celle transmise par la musique est celle que nous pratiquons et qui nous est plus la proche. Elle touche le cœur, crée le lien entre l'auditeur et l'artiste.

Mais que ressent un chanteur, un musicien lorsqu'il est en concert ou même en répétition ? Nous sommes tous différents et notre ressenti à l'écoute d'une musique dépend de beaucoup de facteurs, dont notre tempérament propre. Pour la même musique, l'émotion éprouvée d'une personne à l'autre peut donc être très variable.

Mon premier grand émoi musical, je l'ai vécu lorsque j'avais 15 ans. J'étais flûtiste et je participais à un stage d'orchestre. Grande première pour moi. Entraînée par une camarade du lycée, Camille, violoniste, je me mets en route, ma flûte sous le bras, ne sachant pas trop à quoi m'attendre. J'avais pratiqué un peu de musique de chambre, fait beaucoup d'auditions et de concerts mais l'expérience de jouer dans un orchestre jamais. Le stage devait se solder par un concert dans une grande salle de spectacle à Lyon. Nous étions sous la direction de Claude Bardon, avec au programme, le *Psaume 42* de Mendelssohn. Première rencontre avec ce compositeur du XIXe, réputé pour ses œuvres raffinées et colorées. Très admiré à son époque, il fait partie des grands du XIXe siècle. Son style musical élégant, fin et sobre est très apprécié.

Nous voici donc en place devant nos pupitres, nos partitions ouvertes. Au signal du chef, le *tutti* (tout l'orchestre) démarre. Il n'a fallu que quelques mesures, pour que je prenne conscience de la couleur orchestrale qui se dégageait. C'est surtout les premières notes des violons qui furent pénétrantes. Une forte émotion m'a alors saisie. C'est un merveilleux souvenir. Après avoir repris mes esprits, j'ai pu poursuivre le fil de la pièce. Cette expérience d'orchestre fut magique, l'œuvre de Mendelssohn est sublime ; le travail avec Claude Bardon inoubliable. Mon père qui a eu l'occasion, par la suite, d'assister à des répétitions en vue du concert, en garde un souvenir mémorable. J'avais déjà expérimenté combien la beauté est source de bien-être, mais en vivant cette expérience, j'ai pu vivre une joie esthétique intense (en septième mode) – nous vous renvoyons au chapitre 9 « Variations sur le thème de la joie » où nous évoquons les modes grégoriens. C'était tout simplement beau. Se trouver au milieu de l'orchestre, être comme immergé dans le son, l'harmonie riche et chatoyante, m'a suffi pour être envahie d'un « frisson musical » hors du commun.

Par la suite, j'ai eu l'occasion de vivre beaucoup de moments musicaux très forts. Par exemple, en décembre 2017, à Azille, lorsque nous avons chanté l'*Hymne à la nuit* de Rameau. Nous étions encore néophytes en chants familiaux, et l'expérience était toute neuve. Nous entonnons donc le morceau de Rameau, tout sonne très bien, chacun sa voix, c'est beau et paisible. Et, pourtant, l'émotion surgit en moi lorsque Emmanuel commence son solo, une immense vague que l'on ne peut contenir, c'était inattendu. Emmanuel avait une voix de soprano magnifique, il laissait passer beaucoup d'émotions. Le stress de l'entendre chanter, mêlé à la beauté du morceau, je me suis perdue dans mes mesures, je ne savais plus où j'en étais. J'ai su à partir de ce jour que je devais veiller à ne pas me laisser dépasser par l'émotion. C'est le propre de l'artiste, vivre les émotions, les faire ressentir au public, mais bien rester maître de ce qu'on fait. Je n'en étais pas à ma première expérience en chœur mais il y avait quelque chose de plus que nous vivions : chanter en famille. « Est-il une beauté aussi belle que le rêve », dit le chant, la beauté ne doit-elle pas nous faire rêver ? Apporter en chacun de nous l'espérance nécessaire pour vivre heureux. Tant de beauté amène à l'allégresse et à l'action de grâce. Nous le devons à celui qui a tout créé, Dieu.

Gabriel : C'est vrai qu'il se passe toujours quelque chose en concert. Cette notion de partage est une réalité. Il y a d'un côté la présence du public. Qu'il soit nombreux ou pas, c'est toujours un dialogue. Dans le regard des gens et l'échange qui en découle, nous donnons et recevons. Il s'agit d'une incroyable expérience de communion – parfois étonnamment profonde – avec des inconnus. Elle nous rapproche et crée de véritables moments de bonheur. D'un autre côté, il y a une sorte d'appréhension, une crainte de mal faire : ce qu'on appelle le trac, et qui n'est pas un sentiment négatif. En réalité, le trac transforme souvent un concert en un moment unique. Il nous met dans un état de tension particulier qui nous rend particulièrement sensible à tout ce qui nous entoure. À ce moment-là, on développe une forme d'acuité particulière. Notre écoute de l'autre et notre attention à la musique sont accrues. Nous habitons aussi un lieu et une acoustique particulière. C'est d'ailleurs la raison pour laquelle nous aimons tant chanter dans de beaux lieux où il faut chaque fois s'adapter. Je me souviens que nous avons vécu cela à Garaison, à Lagrasse, mais aussi à Vouvant, en Vendée, à Pélussin, dans la Loire, à Granville en Normandie ou encore à Versailles. Selon moi, le lien particulier qui s'établit entre l'œuvre et le site où elle est interprétée met en évidence que, pour la faire vivre pleinement, la musique est d'abord faite pour être jouée sur scène – sa véritable place.

C'était d'ailleurs une des craintes que nous avions par rapport à l'émission. Devoir chanter au travers d'un écran représentait une grande inconnue pour nous.

Heureusement, si le public devait nous découvrir à distance, le jury, lui, serait bel et bien en face de nous. Un petit public, certes, mais un vrai public. Toutefois, nous n'en étions pas encore là.

3

Notre candidature

Gabriel : Une fois acceptée l'idée de participer à l'émission, il s'agissait désormais de suivre les étapes d'inscription et de sélection précédant notre éventuelle qualification.

Nous avons rempli un dossier, tourné une vidéo pour présenter chacun des membres de la famille.

Je me souviendrai toute ma vie de cette soirée où nous avons réalisé ces séquences. C'était un véritable moment de complicité, un moment fédérateur, mais aussi l'occasion pour nous de réfléchir à la façon de montrer ce que nous sommes, d'expliquer nos valeurs, et de faire comprendre à tous que, pour nous, le chant n'est pas qu'une pratique mais qu'il représente l'unité familiale. Une harmonie devait se créer, un équilibre naître. Il fallait trouver le ton. Cet exercice, très révélateur des différences de personnalité, a permis à chacun des enfants de s'exprimer avec son style, son humour. Rétrospectivement, c'était folklorique ; rien ne s'est passé comme prévu, mais au moins sommes-nous restés naturels et avons-nous pu, grâce à cette étape, poser des bases solides pour la suite.

Ensuite, nous avons dû patienter pour savoir si nous serions vraiment retenus, temps d'attente que chacun de nous a mis à profit pour prendre conscience de l'aventure dans laquelle nous nous lancions. Nous allions devoir chanter devant un public moins familier de la musique sacrée que celui qui vient nous écouter habituellement. Avant même d'affronter le jury, il fallait déjà convaincre l'équipe de sélection – notre premier défi de taille.

Anne : Nous leur avons proposé trois titres susceptibles d'être connus du grand public. L'*Hymne à la nuit* de Rameau, *L'Enfant au tambour* (en français) dans la version arrangée pour le groupe Pentatonix que nous admirons beaucoup pour ses prouesses vocales et *Pulchra Es (Northern Lights)* de Ola Gjeilo. Nous espérions secrètement qu'ils choisiraient le troisième. Cela a été le cas, à notre grande joie. L'écriture du compositeur norvégien Ola Gjeilo est profondément spirituelle et contemplative, dans la continuité de l'œuvre d'Arvo Pärt. Il a travaillé en Angleterre avec le chœur Voces8, avant de s'installer à New York. Si sa musique est enracinée dans le passé, elle sonne comme une musique d'aujourd'hui. Nous l'avons découvert grâce à son *Ubi Caritas et Amor, Deus ibi est* (« Là où règnent la charité et l'amour, Dieu est présent »). Nous aimons son approche spirituelle de la musique, son inspiration grégorienne, ses tempos lents, ses harmonies aux textures riches et chatoyantes, son rythme qui épouse celui de l'éternité. Sa musique est également contrastée et résonne ainsi avec tout le spectre de nos émotions, mais elle mène souvent l'auditeur à la quiétude et à la contemplation. *Pulchra es* est jaillissant, féerique et diapré. On dirait presque une musique de film. Les notes fusent, planent, les lignes se superposent et se complètent comme les couleurs hypnotiques de l'aurore boréale qui dansent dans la nuit du ciel arctique tel un ballet céleste. C'est d'ailleurs ce phénomène naturel si étrange et fascinant qui a inspiré Ola Gjeilo. Il raconte : « Alors que je contemplais un lac dans la nuit d'hiver étoilée depuis la fenêtre d'une mansarde à Oslo à Noël 2007, j'ai pensé à la beauté similaire des aurores boréales. Ayant grandi dans le sud du pays, je n'en ai observé qu'une ou deux fois dans ma vie ; c'est l'un des plus beaux phénomènes naturels dont j'aie été témoin. Il est si chargé d'électricité qu'il a longtemps fasciné et terrifié quand on ne savait pas encore l'expliquer et que de nombreuses superstitions y étaient associées. »

Pulchra es reprend un extrait du *Cantique des cantiques* : « Tu es belle, mon amie, comme Thirtsa, agréable comme Jérusalem, mais terrible comme des troupes sous leurs bannières. Détourne de moi tes yeux, car ils me troublent et me font fuir, mon amie. » Les yeux de l'épouse se fixent sur celui qui a tout fait pour elle, et il peut y lire une profonde affection, la louange déborde du cœur. On peut voir dans ce *Pulchra es* une ode à la beauté de la création. Un chant d'amour à la beauté de la femme de la part de son époux lui assurant que sa beauté est sans défaut à ses yeux. Nous aimons particulièrement cette pièce musicale, car ses thématiques – la force de l'amour au sein du couple, les petites victoires de la vie, ainsi que les difficultés que chacun peut rencontrer – nous tiennent à cœur. Traduit en musique, le texte prend tout son sens. Chaque fois que nous l'interprétons, une joie indicible s'éveille en nous ; ce sont des moments forts, vécus en famille. Le morceau se termine sur une très longue tenue de la voix d'alto reflétant l'infinitude de l'éternité. Le silence qui suit permet de prolonger ce moment et fait retomber paisiblement l'émotion qui nous a envahis.

Gabriel : Effectivement, le choix de ce chant nous a beaucoup rassurés. Il faisait partie de notre répertoire, nous avons toujours eu un grand plaisir et une grande joie à l'interpréter. Je pense qu'il correspond bien à ce que nous sommes. Comme l'a souligné Anne, bien qu'actuel dans son écriture, *Pulchra es* puise dans la continuité d'une tradition musicale séculaire. Nous aimons cet équilibre qui laisse la place à la création sans pour autant tourner le dos au passé. Assumer que nous sommes issus d'une civilisation qui a donné tant de joyaux artistiques, en la respectant et en y apportant quelque chose de nouveau, nous séduit beaucoup. Nous nous sentons parfaitement en phase avec l'approche d'Ola Gjeilo. Vivre, avancer dans l'existence et agir sans rompre avec le passé mais, au contraire, en endossant le rôle de passeur, de transmetteur d'un héritage sur lequel on apporte notre contribution, même modeste. Entrer dans le jeu de l'émission par un chant qui correspondait tout à fait à notre approche de la vie en général était donc idéal.

Nous allions ainsi pouvoir démontrer l'authenticité de notre démarche, présenter ce que nous aimions et expliquer qui nous étions, sans chercher à tout prix à plaire au public en pariant sur ses a priori. Non pas nous exhiber, mais simplement nous montrer tels que nous sommes. La cohérence entre la musique que nous chantons et certaines valeurs à l'aune desquelles nous nous efforçons de vivre allait permettre au public de découvrir le répertoire de la musique sacrée.

4

Mais qui sommes-nous ?

Anne : Issue d'une famille soudée et simple, je suis la sixième d'un foyer de neuf enfants. Nous habitions une maison à la campagne, dans la Loire. Mes parents étaient pieds-noirs, chaque personne passant à la maison pouvait attester d'un accueil très chaleureux. Papa est né à Alger, maman à Oran. Ils se sont rencontrés à la chorale, et sont très attachés au chant grégorien, papa plus encore que maman. C'est grâce à eux que l'amour de la musique est né en moi. Ils m'ont transmis la sensibilité, le goût de la musique et du chant grégorien qu'ils chantaient à la messe chaque dimanche. J'ai commencé à apprendre et à pratiquer la musique toute petite, grâce à l'étude de la flûte traversière. Puis je suis entrée au conservatoire de Lyon, j'ai décroché un bac A3 avec option musique avant de m'inscrire en fac de musicologie à la Sorbonne, à Paris. Mon mariage, la naissance et l'éducation des enfants et les autres aléas de la vie m'ont détournée de ma vocation d'artiste. Mais j'en reprends le chemin, aujourd'hui que les enfants commencent à grandir.

Et ma rencontre avec Gabriel ? Ma sœur aînée Pascale a épousé en 1984 un garçon prénommé Bernard. Les deux familles se sont tout de suite bien entendues. Le frère cadet de Bernard, Éric, avait mon âge. Éric passait souvent ses vacances avec nous. Je devais avoir 18 ans, en septembre 1992, quand il est arrivé à la maison avec son meilleur ami et camarade de lycée, un certain Gabriel Lefèvre. Éric et lui étaient DJ dans des mariages pour se faire de l'argent de poche. Nous nous sommes seulement croisés cette fois-là. J'étais cheftaine de louveteaux à l'époque, je partais pour une sortie. Mon bac fraîchement en poche, j'allais entamer un BTS de secrétariat à Lyon à la rentrée. J'ignore pourquoi j'avais eu envie de quelque chose de concret alors que je suis plutôt artiste dans l'âme. L'hiver suivant, Éric a organisé un week-end au ski, dans les Alpes, avec Gabriel. C'est là que tout a démarré, mais ne comptez pas sur moi pour donner des détails ! Gabriel était charmant et charmeur, mais cela n'a pas été le coup de foudre. J'ai appris à le connaître progressivement. Je pense que de son côté il avait « flashé » sur moi, il l'avouera peut-être. À l'époque, on avait la chance de ne pas vivre avec les réseaux sociaux. Nous ne sommes pas devenus amis sur Facebook, nous ne nous sommes pas suivis sur Instagram. Nous n'avions pas de téléphones portables et pas d'adresses mail. Nous ne sommes pas entrés dans une relation virtuelle, nous étions dans des échanges directs. Nous nous sommes écrit. Et nous nous sommes manqués. Bien sûr, c'était moins facile qu'aujourd'hui, mais, rétrospectivement, ça m'a toujours paru une chance. L'été d'après, nous sommes partis quinze jours en Autriche, en bande, avec ma sœur Françoise, mon frère Bertrand, Éric et Gabriel, qui conduisait. On s'est tous serrés dans sa GS pourrie.

J'étais, et je suis toujours, une fan absolue de *La Mélodie du bonheur*. Je connais le film de Robert Wise par cœur depuis que je l'ai vu pour la première fois à la télévision, un soir de Noël, à l'âge de 13 ans. Plus tard, papa m'avait offert le CD de la musique, j'avais retenu chaque parole des chansons en anglais de Rodgers et Hammerstein. Nous avons visité Salzbourg et son abbaye où Maria, l'héroïne de *La Mélodie du bonheur*, était novice, et Vienne. Là, il devenait clair qu'il se passait vraiment quelque chose entre Gabriel et moi.

Je reviens sur mon parcours un peu sinueux. Le secrétariat ne m'inspirait pas plus que ça, j'ai décidé de ne pas poursuivre mon BTS. À la rentrée, j'ai changé d'orientation, je suis retournée vers la musicologie, je me suis inscrite à la Sorbonne, à Paris, tout en continuant à étudier la flûte traversière au conservatoire. J'ai pu obtenir mon DFE (DEM aujourd'hui, diplôme d'études musicales) grâce à ma pratique de la musique depuis l'enfance. Gabriel, lui, habitait alors à Viroflay.

Il avait raté sa première année de médecine et entamait un DEUG de biologie à Paris, à la faculté de la rue des Saints-Pères. On se voyait beaucoup, on travaillait ensemble, on se promenait. J'habitais avec ma sœur Isabelle, boulevard Pereire, dans le 17e arrondissement. C'est comme ça que tout a commencé. Gabriel m'a tout de suite demandé si je voulais l'épouser. J'étais partante. Nous n'imaginions pas une relation sans cet engagement. Mais à 20 ans nous étions encore étudiants et aucun de nous deux ne travaillait.

Gabriel, je le trouvais bien sous tous rapports. Il était agréable à vivre ; avec lui, il n'y avait jamais de stress. Il était spirituel, toujours le mot pour rire, et en même temps sérieux. Un jeune homme droit, honnête, discret, équilibré, calme. Il avait et a toujours, disons-le, un très beau regard, avec des yeux bleus magnifiques. Je reconnais que cela m'a beaucoup touchée.

Trois ans plus tard, en 1996, nous nous sommes mariés chez mes parents, à Pélussin, dans la Loire. Nous avons d'abord vécu avec le strict minimum. Nous étions heureux comme ça, ensemble, dans un petit appartement, rue Albert-Joly à Versailles. À la fin de mes études, j'hésitais encore sur mon choix de carrière. Initialement, je ne voulais pas du tout devenir professeur de musique, mais c'est finalement vers cette voie que je reviens aujourd'hui, et ce pour ma plus grande joie. De son côté, Gabriel a effectué son service militaire au collège Rameau de Versailles. Il était pion et aidait en même temps au secrétariat. Il s'était débrouillé pour pouvoir rentrer tous les soirs à la maison.

Gabriel : La première fois que j'ai vu Anne, j'ai immédiatement senti dans son regard quelque chose de pur, de direct et de vrai. Elle était simple, naturelle, sans fard. J'ai découvert quelqu'un qui ne cherchait pas à paraître. Elle n'en avait pas besoin, elle *était*, tout simplement.

Être, en vérité, revêt une valeur inestimable à mes yeux. Je pense avec du recul que c'est un élément qui, inconsciemment, m'a marqué chez Anne dès le premier instant. Pour ma part, j'étais le dernier d'une famille de quatre enfants. Mes parents m'ont toujours appris à réfléchir sur le sens des choses et sur le pourquoi de nos actes, à exercer notre volonté, notre libre arbitre, tout en respectant la parole donnée. Autrement dit, à ne pas être victime de la mode par commodité. J'étais donc particulièrement sensible au fait qu'Anne n'essayait pas de faire semblant d'être ceci ou cela. De même Anne disait et dit toujours le fond de sa pensée. Elle est dans la vérité. C'est parfois troublant, mais tellement libérateur. Anne vient d'une famille où l'on n'enferme pas ses états d'âme et ses différends à double tour. Tout peut être dit. Cette approche peut donner lieu à des épisodes hauts en couleur mais ceux-ci passent comme l'orage dissipe l'atmosphère pesante d'un soir d'été. Pas de langue de bois, donc, mais une véritable amitié dans les relations. Une qualité qui m'a beaucoup séduit.

Je me souviens très bien que nous avons rapidement échangé sur la musique. À l'époque, j'étais fanatique d'ABBA (je le suis toujours, d'ailleurs, et je me réjouis de les voir revenir sur le devant de la scène), un groupe que j'écoutais à longueur de journée, dont je connaissais tous les albums, toutes les chansons. Je ne pouvais pas rencontrer quelqu'un sans lui parler d'ABBA, je l'ai fait naturellement avec Anne. Je lui ai même laissé un ou deux CD pour la convertir.

J'étais passionné de musiques de tous styles. Je chantais déjà. Je faisais partie de la chorale de la paroisse où j'allais à la messe. Assez rapidement, j'ai rejoint un groupe d'amis avec qui nous avons monté une première chorale polyphonique. En parallèle, avec mes meilleurs amis, nous avions décidé de monter un quatuor vocal *a cappella* masculin. L'expérience relevait plus du délire entre jeunes. On avait appelé notre groupe « Les Bandanaz ». Le nom voulait tout dire. Nous avons passé plus de temps à boire de la bière qu'à chanter. Néanmoins, la musique, et en particulier le chant, occupait quasiment tous mes loisirs. J'animais aussi des soirées privées et des mariages en tant que disque-jockey, comme Anne l'a dit. J'avais des goûts très éclectiques, je passais du rock, de la pop des années 1980. C'était l'époque de la new wave. Je rêvais déjà de produire ou d'enregistrer des disques. Avec Éric, devenu mon associé, nous avions plein de projets musicaux. Depuis, nous avons d'ailleurs monté notre société de production, Rejoyce, avec une ouverture très large. Après plus de vingt ans de développement, nous avons quatre labels, dont un de musique actuelle avec lequel nous avons produit des dizaines de groupes. Notamment Glorious, un groupe de louanges, mais aussi deux groupes de reggae, Spear'hit et Les Guetteurs, et un groupe de rock, Theos, pour ne citer qu'eux. Nous avons également un label de musique classique, notre premier label historique, et un label de productions pour les enfants, avec en particulier une collection d'histoires et musiques, les aventures de *Mathilde et Renardeau*, que je recommande à toutes les familles, et enfin un label de productions spirituelles avec une forte caractéristique musicale.

Anne, de son côté, jouait de la flûte et du piano. Vraie musicienne, elle aimait tous les styles. Elle pouvait écouter du Dire Straits, du Supertramp ou du Bach, tout en préférant nettement Bach ! Nous nous sommes bien trouvés sur ce domaine. Nous nous sommes d'emblée découvert beaucoup d'affinités en matière de musique. Après notre mariage, Anne a d'ailleurs intégré Rejoyce pour travailler avec moi.

Anne manifestait déjà une grande sensibilité, et pas seulement musicale. À l'époque déjà, elle était tournée vers les autres et faisait preuve d'une véritable bienveillance à l'égard des gens qu'elle rencontrait.

5

Vingt-cinq ans de mariage

Gabriel : Avant de demander Anne en mariage, nous avons eu l'occasion de partir en vacances à plusieurs reprises avec des amis, ce qui nous a permis de continuer à mieux nous connaître, puis elle s'est installée à Paris pour sa licence de musicologie à la Sorbonne. J'ai pu assister à un ou deux cours, en particulier à celui dédié au chant choral qui se tenait dans l'amphithéâtre Richelieu. J'avoue que j'ai été très impressionné par la qualité de l'enseignement et la beauté des lieux. Pour moi comme pour elle, nous n'étions encore que des amis. Mais, après quelques mois à Paris, je me suis rendu à l'évidence, c'était bien plus qu'une amitié.

J'ai pris le temps nécessaire pour réfléchir et ne pas me précipiter. Il me paraissait certain qu'aller plus loin dans notre relation nécessitait un engagement, un choix.

Qui dit choisir dit aussi renoncer. C'est d'ailleurs ce qui, me semble-t-il, donne de la valeur à nos actes. Savoir prendre le temps, dans tous les domaines, mais en particulier en amour, est essentiel. C'est un message que j'aimerais faire passer aux jeunes d'aujourd'hui : prenez le temps, car la vie ne se joue pas à quitte ou double. J'ai le sentiment qu'un des grands problèmes de notre époque, c'est le « tout, tout de suite ». À l'ère du jetable et du zapping, on a parfois tendance à vivre comme l'on consomme. Il me semble pourtant que nous en oublions que rien de durable, rien de beau ne s'est bâti dans la précipitation. Qui a déjà vu un entrepreneur ou un architecte construire une maison en un clic ? Tout doit se préparer, se peaufiner. Il y a l'étape des plans, celle des autorisations de travaux, il faut vérifier que tout est compatible, que tout est possible, avant de se lancer. Il serait sans doute bon de prendre les mêmes précautions avant de se lancer dans sa vie d'adulte.

Une fois sûr de moi et de mes sentiments, j'ai demandé Anne en mariage. C'était comme un grand saut dans le vide. Mais il ne pouvait en être autrement.

Elle habitait Paris et moi Viroflay. Comme Anne l'a dit, nous n'avions pas de téléphone portable et nous ne pouvions nous voir qu'à Paris, après les cours. Un week-end, un déclic s'est produit en moi, comme une certitude. Nous ne pouvions plus avancer dans cette relation sans clarifier les choses. Je ne pouvais pas donner mon cœur à l'essai. Et pour Anne, c'était pareil. Le week-end fut long. Le lundi, lorsque j'ai retrouvé Anne, à peine ai-je commencé à bafouiller avec la maladresse des amoureux qu'elle m'a posé clairement la question : « C'est une demande en mariage ? » Voilà, c'était limpide. Anne était sur la même longueur d'onde. Ce n'était pas un jeu, c'était du sérieux. Je venais de m'engager avec une femme extraordinairement droite.

Nous avons ensuite été à la rencontre de nos familles réciproques. Là, encore, nous avons pris le temps. Nous avons profité de la période de nos fiançailles pour réfléchir à ce que nous souhaitions faire de notre vie, à la manière de faire évoluer et croître notre amour naissant.

Avoir conscience que cet amour était le début d'une aventure que nous mènerions à deux, puis à trois, quatre, cinq, six, sept et huit, c'était accepter de s'engager ensemble sur une route longue, le décider et le vouloir, envers et contre tout.

Il est important de savoir que la vie est faite de hauts et de bas. Décider de prendre une route en commun, c'est accepter de traverser des joies comme les peines à deux, de dépasser les difficultés et de franchir les obstacles sans renoncer lorsqu'ils se présentent.

Environ trois ans plus tard, nous nous sommes mariés, décidés à entreprendre la grande œuvre d'une vie de couple : fonder une famille. Nous nous sommes installés à Versailles trois jours après notre mariage. Nous sommes partis de rien. Je me souviens que, ce jour-là, nous avons récupéré les clefs de notre studio.

L'appartement était vide. Il y avait tout à faire. Nous sommes passés chez Conforama acheter notre premier canapé-lit, que nous avons attaché sur le toit de ma fameuse GS, pour ne pas dormir à même le sol.

L'arrivée des enfants, la recherche perpétuelle de l'équilibre et de l'harmonie dans la famille nous ont appris à dépasser nos égoïsmes. L'harmonie se trouve dans le partage, dans l'écoute et dans la maîtrise de soi.

La recherche de l'harmonie se pratique tout le temps lorsque l'on fait de la musique. Je ne prétends pas que c'est facile. C'est un travail de chaque instant, mais il en vaut la peine.

Avec nos enfants, nous avons la chance de pouvoir vivre cela à travers la musique, c'est une excellente école dans tous les domaines de l'existence.

Pouvoir partager de tels moments avec eux grâce à la musique est aujourd'hui une joie incroyable, inespérée. D'autant plus que nous le vivons librement et sans contrainte.

C'est aussi parce que cette pratique est une réalité pour nous que nous nous sommes projetés dans l'aventure de « La France a un incroyable talent ». Nous nous sentions capables de relever le défi tous ensemble. Il y avait en outre l'excitation de pouvoir faire entendre au plus grand nombre une musique souvent réservée à un public restreint et démontrer par la même occasion que cette musique pouvait peut-être plaire à tout le monde.

C'était un pari un peu fou. À part les « Victoires de la musique », les seuls programmes télévisés musicaux diffusés à 20 h 30 sont toujours des émissions de variétés. Finalement, la prise de risque était telle que nous n'avions pas grand-chose à perdre.

Nous redoutions plus que tout de ne pas être à la hauteur sur le plan artistique. Une crainte qui se révèle positive lorsqu'elle pousse à se dépasser.

Anne : Nous étions conscients des difficultés qui nous attendaient. En tant que famille nombreuse où tous les âges sont représentés, il fallait se faire confiance à cent pour cent pour ne pas flancher et renoncer. Un chœur familial qui compte des enfants apprend à connaître les fragilités de leurs voix, leur vulnérabilité face au stress. Nous avions confié un solo à Raphaël, 7 ans, lors de l'audition. Notre crainte était qu'il ne commence pas sa partie au moment voulu. Nous nous étions exercés à plusieurs reprises durant l'été pour le mettre en condition. Le jour venu, Raphaël s'en est très bien sorti. Quel soulagement ! C'était merveilleux. D'un autre côté, nous avons des adolescents, et qui dit adolescence pour un garçon dit mue ! Emmanuel était en plein dedans. Quitter une voix de soprano et acquérir une voix d'homme prend du temps. Elle se transforme progressivement et le garçon cherche donc sa nouvelle place. Nous avons dû accompagner Emmanuel en douceur dans cette mutation.

Quant à Clément, sa voix, qui finissait de muer, commençait à se stabiliser.

Nous avons toujours cherché à rassurer Emmanuel, à l'encourager tout en veillant à ce qu'il ne force pas sous peine de voir sa voix disparaître d'une seconde à l'autre. Malgré ces difficultés, il ne s'est jamais arrêté de chanter. Lors des auditions pour « La France a un incroyable talent », Emmanuel a chanté avec moi en alto. C'était très agréable, mais son désir de passer dans sa voix actuelle, celle d'un ténor, comme Clément et son papa, s'est accru progressivement.

Ces transformations vocales nous ont poussés à faire évoluer la formation de notre chœur, en adaptant le répertoire. Et quel bonheur en parallèle de voir ses garçons devenir des hommes. Clément et Emmanuel, à force de travail, ont acquis beaucoup de douceur et de rondeur dans la voix.

Quel bilan tirer de vingt-cinq ans de mariage ? Qu'est-ce qu'un mariage réussi ? Il n'y a pas de recette toute faite, et le chemin de chacun est différent. Je dois reconnaître qu'à dix-neuf ans, quand Gabriel m'a demandé en mariage, j'ai pris les choses comme elles venaient. J'ai dit oui avec la simplicité qui me caractérisait. La vie que nous menions était simple. Nous n'avons pas eu besoin de nous poser une foule de questions pour savoir que nous étions bien ensemble, rien entre nous ne venait le contredire. C'était une évidence.

Peut-être y avait-il une certaine inconscience, mais tout acte dans la vie a sa part d'inconnu.

Je rends grâce chaque jour pour notre mariage et pour Gabriel… Cet engagement est un oui de chaque jour, celui des joies et des difficultés. C'est un choix à renouveler. On s'élève l'un l'autre, on se fait grandir. Le mariage transforme et nous rend meilleurs au fil des années. Tel un bon vin, nous nous bonifions avec le temps. C'est un processus lent, car nous sommes à la fois différents et complémentaires. Ce oui de chaque jour nous oblige à s'accepter différents, à s'écouter. À prendre soin l'un de l'autre, à se remémorer tous les bons moments passés ensemble comme des joyaux. Nous n'oublions pas que la vie d'un couple trouve son harmonie autour de trois pôles, la vie physique par le corps, la vie psychique par la tendresse et la vie spirituelle dans le dialogue de nos âmes. Ce sont des éléments liés que nous expérimentons assez naturellement et qui aident à l'équilibre émotionnel de notre couple. Gabriel et moi avons confiance l'un dans l'autre, et nous nous accordons à peu près sur tout. Mais c'est aussi avec le temps et les années, un travail constant de remise en question. En se frottant l'un à l'autre, on s'érode et on se lisse comme une pierre exposée au vent et au passage des saisons. Ce n'est pas toujours facile, mais l'un peut s'appuyer sur l'autre en fonction de ses capacités. Pour ma part, je trouve chez Gabriel une assurance, une stabilité rassurantes. Gabriel est constant et régulier comme une basse continue, cette technique d'improvisation et d'accompagnement en musique baroque. Il est ma basse continue, immuable, sur laquelle je me pose, me repose. Je suis comme une mélodie qui réalise la basse continue, dont la caractéristique est de donner un cadre pour favoriser la liberté. Associés, les deux forment une vraie harmonie, à condition que nos deux lignes soient les plus belles possible. Apparier Gabriel à cette basse m'a semblé tout naturel lorsque j'ai pris conscience que la musique baroque, caractérisée notamment par cette fameuse basse continue, était particulièrement stabilisante. Citons entre autres Jean-Sébastien Bach, que nous avons eu la chance de beaucoup interpréter. Ce phénomène immuable propre à la basse continue est très présent chez lui, tout en laissant passer de nombreuses émotions, joies et peines. Pour moi, Bach fait partie des musiciens qui apportent l'équilibre émotionnel. Il incarne *la musique de l'équilibre* par une grande spiritualité. Bach était très attentif au contenu théologique des textes qu'il mettait en musique. Il les transcendait. Le cycle des cantates en est une illustration probante. Bach a écrit des centaines d'œuvres magnifiques. Les cantates regorgent d'airs, de chœurs plus beaux les uns que les autres mettant en avant une voix, un instrument, et en illustrant parfaitement le texte. Mais, à mon sens, il s'est surpassé avec la

Messe en si[1], l'œuvre de toute une vie. Nous avons eu la joie de la chanter, je crois que ce sont des œuvres comme celle-ci qui ont donné définitivement le goût du chant à nos enfants. Écoutez le *Erbarme dich, mein Gott*[2] (« Aie pitié, ô mon Dieu ») qui illustre les larmes de repentir de saint Pierre après avoir renié trois fois le Christ. La paix s'installera.

1.

Ainsi, comme en musique, notre famille est complémentaire. J'aime comparer notre famille à une partition. Elle a évolué au fil du temps, des années, avec l'arrivée des enfants, les joies, les peines, les accidents. Comme une partition qui modulerait de majeur en mineur, avec des tons graves et solennels, des tons gais et joyeux, des tempi lents et rapides à l'image des différentes personnalités. Chaque enfant représenterait un élément monodique de la partition, violon, flûte, alto, trompette, etc. Et chacun peut compléter la basse continue suivant les moments et les activités (clavecin, viole de gambe, violoncelle). J'ose espérer que, si nous devions la jouer, cette partition serait belle.

2.

6

Portraits de famille

Gabriel : Anne est passionnée et très sensible. Elle est très vive, toujours animée par une foule de projets. Elle est passionnée de culture, d'art, de lecture. Par contraste, je suis beaucoup plus flegmatique ! Il a donc fallu apprendre à nous connaître dans nos différences pour vivre ensemble et s'adapter l'un à l'autre. Pour ce faire, il faut savoir prendre du recul, car les rythmes et les envies diffèrent parfois. Mais c'est aussi un enrichissement. En avançant, nous avons découvert que l'attention portée à l'autre était la seule source de joie véritable.

Avec Gaël, notre fils aîné, nous avons appris à être parents. Plutôt timide et réservé lorsqu'il était jeune, il s'est ouvert au monde à partir de son entrée au lycée. Il n'a pas d'a priori sur les autres. Il les accepte, les apprécie pour ce qu'ils sont, avec bienveillance. Il a parfaitement intégré cette notion que nous avons tenté de transmettre à nos enfants, et il se l'est appropriée :

le respect de l'autre. Ce que, dans notre foi, nous appelons la charité, un terme souvent mal compris. Il arrive qu'on l'assimile ou qu'on la réduise à une œuvre humanitaire, à une aide financière ou matérielle pour les plus démunis. On en oublie que, si cela est vrai, la charité, dans son sens premier, c'est d'abord l'amour de l'autre. Ce qui commence par son respect, la considération de ce qu'il est. En effet, nous sommes souvent bien plus pauvres et démunis, moralement et intérieurement, que matériellement. Regarder l'autre comme son égal, le considérer et ne pas le résumer à son apparence ou à sa situation, résoudrait à mon sens bien des problèmes sur terre.

Anne : Gaël a commencé sa formation musicale à la maîtrise des petits chanteurs de Notre-Dame à Versailles, sous la direction de Jean-François Frémont. D'abord soprano, il est passé au pupitre des altos après avoir mué. C'est d'ailleurs à ce moment-là, lors d'un concert, qu'il a eu un vrai déclic pour le chant. C'était une représentation de *La Passion selon saint Matthieu* de Jean-Sébastien Bach, avec chœur, orchestre et solistes, en 2014.

Il a continué de travailler sa voix et a intégré le conservatoire en parallèle de ses études supérieures.

Il a choisi la voix de contre-ténor. Ses premiers concerts en tant que soliste ont été déterminants après ces années en tant que soprane où il était très timide. Il a révélé une musicalité et une puissance vocale étonnantes.

Aujourd'hui, il approfondit sa formation et embrasse la carrière de chanteur.

Gaël est un jeune homme aux multiples talents. Il a testé beaucoup de choses, dont le sport dans lequel il excelle. C'est un hyperactif, il ne s'arrête jamais. Il a cinquante idées à la minute, ce qui peut parfois être fatigant. Comme il sait également se montrer très taquin, l'ambiance à la maison pouvait vite devenir irrespirable. Enfant et encore maintenant, il avait besoin de sortir et de s'ébattre pour évacuer un trop-plein d'énergie. Combien de fois ne lui avons-nous pas dit poliment : « Gaël, va faire du sport au lieu d'embêter tout le monde. » Les répétitions du mercredi de 18 à 20 heures, avec la Maîtrise, étaient salutaires, pour lui comme pour nous, et rendaient la maison plus calme.

Une de ses passions est l'aquariophilie. Il possède trois ou quatre aquariums de tailles différentes. La condition de départ était très claire. C'était à lui de s'en occuper, ce dont il s'est très bien acquitté. La présence d'un garçon comme lui à la maison est un moteur, son efficacité est appréciable. Il faut toutefois accepter ses lubies – la dernière en date étant l'aquaponie, je vous laisse découvrir par vous-même de quoi il s'agit –, ses présences en coup de vent, son énergie débordante, ses taquineries. Mais de tempérament égal, Gaël nous gratifie toujours d'un beau sourire, ce qui lui permet de tout faire passer en douceur.

Gabriel : Arrivée quinze mois après lui, Blanche a été une heureuse surprise. Curieuse de tout et nous posant mille questions dès son plus jeune âge, elle a toujours cherché les explications en profondeur, le pourquoi et le sens des choses.

Blanche est une fille très spirituelle et profonde… à l'image de sa maman !

Elle a montré de belles capacités d'endurance et de persévérance au niveau scolaire, intégrant parfaitement une autre notion qui nous était chère dans l'éducation : à savoir l'exercice de la volonté et de l'engagement. Ces caractéristiques sont capitales quand on parle de fidélité.

Le talent de chanteuse de Blanche a été une véritable révélation pour nous. Elle s'était inscrite à la chorale de son lycée. C'est lors de son premier concert, en classe de seconde, que nous avons découvert la beauté de sa voix.

Anne : Son chef de chœur, Bénédicte Jorrot, lui avait réservé une partie de solo. Très timide, Blanche ne nous avait jamais fait entendre le résultat du travail qu'elle accomplissait seule dans sa chambre. Elle a fait preuve d'une justesse, d'une puissance, d'une profondeur dans l'interprétation sidérantes pour son âge.

Auparavant, à 8 ans, Blanche avait commencé sa formation musicale au Conservatoire à rayonnement régional (CRR) de Versailles. Tout d'abord dans le cursus « FM & chant choral » mais aussi, et surtout, avec l'étude du violon. Ce qui occupait les heures libres que lui laissait sa scolarité exigeante.

L'étude du violon pourrait paraître rébarbative ou désagréable pour ceux qui sont à côté. Cela est peut-être vrai. Personnellement, j'aime ça, et ça ne m'a jamais dérangée. L'apprentissage des débuts est toujours difficile mais il est un passage obligé pour arriver à obtenir un beau son. Blanche s'est pliée à l'exigence de cet instrument hors du commun et magnifique avec beaucoup de persévérance, de courage et de patience. J'ai passé de longues heures à travailler avec elle et à chanter les partitions à ses côtés. Ces efforts ont porté leurs fruits tout en constituant des moments mère-fille incroyables, laissant présager de la belle complicité musicale qui existe aujourd'hui entre nous.

Blanche a d'abord eu un premier professeur très exigeant sur le plan technique, puis un autre qui laissait plus de place à l'expressivité. Ce fut un soulagement pour tous. Aujourd'hui, Blanche sort régulièrement son violon de son étui, mais elle se révèle et s'épanouit plus encore avec sa voix, qu'elle forme au conservatoire parallèlement à sa licence de musicologie.

Gabriel : Trois ans après Blanche, Clément s'est annoncé.

On dit souvent que l'arrivée du premier enfant est une révolution dans un couple. Je pense que celle du troisième en est une autre. C'est là que l'on atteint le statut de famille nombreuse. Les équilibres sont différents, la donne change. Avec ses grands yeux bleus et son sourire charmeur, Clément nous a tout de suite gratifiés de ses câlins.

Il aime l'harmonie, est très sensible, attentif au bien-être autour de lui, et il ne supporte pas l'injustice. Il est un facteur de paix dans notre famille. Qui plus est, Clément a très bien intégré une autre valeur importante à nos yeux : l'écoute de l'autre.

À l'instar de son frère aîné, il est entré à la Maîtrise des Petits Chanteurs de Versailles à l'âge de 7 ans. D'abord soprano, il a ensuite passé quelque temps au pupitre des altos, avant de rejoindre celui des ténors, comme son père.

Je ne peux que l'en féliciter. Certains choix n'en sont pas, les choses arrivent naturellement, une fois que l'on a appris à se connaître, à reconnaître la nature et la physiologie qui indiquent ce que nous sommes. L'important est de trouver sa voix, donc sa voie. Ce qui est vrai pour un chanteur l'est à mon avis plus largement dans la vie. Pour s'épanouir, il me semble qu'il faut s'accepter tel que l'on est, et ne pas chercher à être ce que l'on n'est pas. Il est bien entendu encore trop tôt pour savoir si Clément empruntera, à la suite de ses aînés, un chemin professionnel dans l'univers de la musique. Quoi qu'il décide pour l'avenir, il continuera de nous régaler avec sa voix.

Anne : Clément est passé à travers les mailles du filet pour l'inscription au conservatoire. Car, au moment des inscriptions, j'avais beaucoup de petits à la maison, et moi qui suis toujours attentive à la formation musicale des enfants, j'ai été débordée. Clément en a un peu profité pour ne pas se faire remarquer… Mais la formation à la Maîtrise me paraissait très bonne et suffisante. J'ai laissé passer.

À la maison, Clément est l'enfant qui ressemble le plus à Gabriel pour sa quiétude et son flegme. Il aime que les choses soient faites et bien en ordre. C'est le spécialiste du rangement du lave-vaisselle, par exemple. C'est le premier à nous rappeler que nous n'élevons pas ses jeunes frères et sœurs avec les bonnes règles. C'est un garçon en qui nous pouvons avoir confiance et c'est précieux dans l'équilibre familial.

Gabriel : Deux ans après Clément, Emmanuel est venu compléter la fratrie. Son arrivée a fait le bonheur de ses aînés. Hormis la nécessité d'une voiture plus grande, les équilibres n'ont pas tellement changé avec un quatrième enfant. Il y a juste eu plus de vie et de sourires à la maison.

Très curieux et à l'aise avec les grandes personnes, Emmanuel nous a toujours étonnés par sa vivacité. Serviable et débrouillard, il se montre particulièrement efficace. Il semble avoir bien compris qu'il est préférable de ne pas reporter à demain ce que l'on peut faire le jour même. Ce vieil adage est l'expression d'une autre valeur éducative importante à nos yeux : celle du service. Il ne rechigne jamais à rendre service.

Emmanuel est aussi un véritable pitre qui nous fait très souvent bien rire.

Au même âge que ses frères, sans grande surprise, il a intégré la Maîtrise des Petits Chanteurs.

Après avoir mué, il a rejoint le pupitre des ténors.

Anne : Disposant d'une solide formation musicale, il déchiffre très bien les notes, et c'est un élément solide. Parallèlement à sa formation de chanteur, il continue sa formation au conservatoire où il a étudié la flûte à bec et la FM (formation musicale). Cet apprentissage l'aide dans sa pratique du chant. Lui aussi a expérimenté la difficulté et les exigences de l'étude d'un instrument. Le doux son de la flûte en fait un instrument particulièrement agréable à entendre.

Comme Clément, il est encore trop jeune pour savoir s'il se destinera à une carrière musicale. Il semble pour le moment plus intéressé par les voitures !

Gabriel : Avec l'arrivée de Colombe, trois ans après Emmanuel, nous avons vraiment commencé à nous sentir une famille nombreuse. C'est aussi à partir de ce moment que nous avons remarqué le regard étonné que portaient les gens sur nous.

Particulièrement sage lorsqu'elle était bébé, Colombe est dotée d'un très fort caractère.

C'est une grande force qui brille en elle comme une pierre précieuse, un diamant brut à tailler. C'est aussi le rôle de l'éducation : faire remonter ce que l'on a de meilleur au fond de nous. Colombe est encore jeune, elle est en plein dans l'âge où elle apprend à se connaître et à se maîtriser. J'aime bien comparer le travail des parents à celui du jardinier. Il taille mais il est aussi tuteur, il aide à grandir. C'est une pratique quotidienne.

Anne : Colombe, qui chante principalement avec nous, a une excellente oreille, acquise par l'imprégnation musicale familiale mais aussi par l'étude du violon et de la FM au CRR de Versailles dès l'âge de 8 ans. Musicalement, elle est plutôt autonome, le déchiffrage n'est pas un problème pour elle, mais elle jetterait bien son violon par la fenêtre quand la justesse ou les enchaînements des notes lui résistent. L'encouragement est alors de mise. Colombe étant plutôt vive, elle peut donner beaucoup. Elle est persévérante, mais si elle se découragé, le violon n'a qu'à bien se tenir. Ce qui ne l'empêche pas de nous affirmer qu'elle préfère faire de l'équitation plutôt que de chanter !

Gabriel : Né cinq ans après Colombe, Raphaël est le petit dernier de la famille. Il est le chouchou de tous ses frères et sœurs.

Avec nos six enfants, nous faisons vraiment aujourd'hui partie d'une minorité. Beaucoup de gens se demandent comment on peut gérer une famille aussi nombreuse, comment donner du temps à chacun et les aimer vraiment. En vérité, l'amour est infini. Nous ne disposons pas d'une dose d'amour à partager entre tous les enfants ; c'est l'amour qui se démultiplie et qui grandit avec la famille.

Ensemble, nous apprenons que notre capacité à aimer est inconditionnelle. Encore faut-il s'entendre sur la signification du mot aimer.

Si l'on comprend le mot aimer comme apprécier ou prendre du plaisir, c'est une définition réductrice qui ramène l'amour à quelque chose de fini et de matériel. Et donc à quelque chose dont on peut se lasser. En revanche, si l'on conçoit le mot aimer comme vouloir le bien de l'autre, être prêt à donner de soi pour celui que l'on chérit, alors on comprend la notion d'infini.

Anne : Raphaël est encore petit, naturellement, mais il trouve toute sa place dans la famille. Il est de nature généreuse et a déjà compris que, donner, c'est aimer véritablement.

Finalement, les familles nombreuses apprennent le sens du partage. La famille est une école de l'harmonie. C'est une notion importante dans la vie et, bien évidemment, en musique.

Ainsi que Colombe, Raphaël bénéficie d'une écoute musicale à la maison et s'imprègne comme une éponge. Il a intégré en 2020 le CRR en piano à Versailles, et FM. Comme pour beaucoup d'enfants, l'étude est difficile, mais lorsqu'il aime un morceau, il ne s'arrête plus.

La famille vue par son aîné, Gaël

Gabriel

Quand j'étais tout petit, mon papa était à mes yeux « le plus beau, le plus fort », j'aimais passer du temps avec lui et bricoler en sa compagnie. C'était aussi le papa qui m'a plus d'une fois grondé de manière crue. Maintenant que je suis plus grand et deviens adulte, je me rends compte de tout ce qu'il m'a apporté, de l'exemple, voire de l'exemplarité et du papa qu'il a été ! Il m'a transmis ses passions et son sens du devoir ; je pense aujourd'hui avoir, grâce à lui, les vraies clefs pour réussir dans la vie. En revanche, je serai toujours jaloux de sa capacité à monter en voix de poitrine aussi facilement !

Anne

Ah, maman, cette personne pleine de tendresse et d'amour pour nous ! Quand j'étais petit, si je voulais un bonbon ou souhaitais regarder un film, c'était clairement auprès d'elle que j'avais ma seule chance d'y arriver. Avec papa, c'était mission impossible ! Gérer six gosses comme nous dans notre petit appartement, supporter mes quatre aquariums dans la maison et prendre pourtant le temps d'aller au centre commercial tous les deux pour m'acheter un nouveau manteau ou une nouvelle paire de chaussures, cela lui vaut bien le badge de la « super maman » ! Maintenant que nous sommes plus grands, elle retrouve du temps pour sa passion principale : la musique, évidemment, et nous l'admirons tous, je pense, de prendre ce rôle de chef de chœur à cœur ! Elle est toujours à la recherche de nouveaux motets, de progrès, etc. En somme, c'est une maman en or, mais qui ne doit pas oublier ses enfants chéris derrière ses partitions, hé hé…

Blanche

Elle est la sœur avec qui j'ai grandi depuis tout petit. Nous avons seulement un an d'écart, nous avons tout fait ensemble depuis la naissance. Inséparables, nous passions notre temps à nous disputer pour savoir qui aurait « le verre jaune » ou « le grand tabouret », qui allait ranger la chambre, mettre le couvert : « C'est moi qui l'ai mis hier... !! », etc. Aujourd'hui, nous avons 22 et 21 ans. Nous sommes toujours assez proches, bien que nos vies sociales respectives nous aient forcément un peu éloignés. Mais entre la famille, notre duo musical Rodjose et nos amis en commun, nous passons encore pas mal de temps ensemble ! Nous allons peut-être même nous installer en colocation. L'enfer ! [*Rires*] Bref, comme toute sœur, elle peut bien-bien-bien m'énerver, mais je l'aime quand même. Et il faut avouer qu'elle a une sacrée voix, sans compter toutes ses autres qualités.

Clément

Enfin un garçon après cette « peste » de Blanche qui ne veut pas jouer aux chevaliers avec moi ! Très mignon enfant, il a vite grandi et a déjà 18 ans. Lui qu'on appelait « le petit » fait maintenant partie des grands. Il a mué et s'affirme comme un adulte dans nos discussions ! Très sensible et plus minutieux que moi, nous abordons les choses de manières très différentes. Cela peut m'énerver et m'obliger à redoubler de patience. Mais c'est quand même un frère bien sympa avec qui on se rejoint sur pas mal de points : la musique, le sport (surtout le tennis), les films.

Emmanuel

Voilà un deuxième frère qui, petit, semblait insupportable et débordant d'imagination pour inventer des bêtises ! Très admiratif de ce talent, j'ai toujours bien rigolé et étais fier de ce qu'il a fait endurer aux parents... hé hé ! Il a maintenant 16 ans. Il a mué, lui aussi, il commence à devenir un homme, et nous pouvons trouver, malgré notre écart d'âge et nos divergences, des occasions de passer du temps ensemble et de s'amuser. Très serviable et énergique, il est toujours prêt à s'exécuter pour diverses tâches en faisant tout quand nous, nous ne faisons rien !

Colombe

Catastrophe, Blanche allait avoir une alliée ! En même temps, elle est vraiment trop chou et, en tant que grand frère gaga, je craquais complètement ! Mais, en grandissant, son caractère s'est fait ressentir et s'est bien affirmé – il a fallu s'accrocher ! Aujourd'hui, elle a 13 ans. Elle sait ce qu'elle veut, elle est très douée à l'école et en musique, je suis fier d'elle. Nous nous entendons assez bien et elle me fait rire.

Raphaël

J'étais sous la douche quand papa a frappé à la porte pour m'annoncer sa naissance. Je le trouve encore plus craquant que Colombe (elle va sûrement être jalouse en lisant ça). Évidemment, en tant que petit dernier chouchou de tous, « Bébé », comme nous le surnommons parfois, mène à mes yeux une vie un peu facile. Aujourd'hui, à l'aube de ses 9 ans, nous avons une super relation d'aîné à benjamin ! Bref, Raphaël est le petit frère sans qui la famille ne serait pas ce qu'elle est aujourd'hui. Je n'ai pas hâte de le voir grandir, car cela voudra dire que je serai devenu vieux !

Anne et Gabriel : À lire ces descriptions, on pourrait croire que tout est parfait et que tout va merveilleusement dans le plus divin des mondes. Si nous essayons de construire sur les points forts de chacun, nous sommes malgré tout une famille à l'instar des autres, avec ses défauts. Comme partout, à la maison les portes claquent, la fatigue existe, les cris et les disputes aussi. Il faut l'accepter et s'accepter tel que l'on est. Ici encore, c'est la volonté d'être une famille et de chercher l'équilibre qui nous permet d'avancer.

Rien n'est facile, rien n'arrive sans effort. À huit, la patience est souvent mise à rude épreuve. Les attentes, les rythmes et les envies de chacun sont rarement les mêmes. Il faut donc composer, être à l'écoute et chercher avant tout et quoi qu'il arrive ce qui rassemble.

7

Une recherche de l'harmonie

Anne et Gabriel : Parlons de ce qui a été notre moteur durant toute l'aventure : la famille. Pendant des années, chaque fois que nous rencontrions des gens, une question revenait très souvent : Six enfants avec la même femme ? Avec le même homme ?

Un rappel incessant que ce qui semble normal, ce qui a été la norme pendant des siècles, est aujourd'hui une exception. Pour nous, cette question est déstabilisante. Prendre conscience que ce que nous vivons est devenu quelque chose d'exceptionnel nous surprend et nous attriste à la fois. Pour beaucoup, le rêve de fonder un foyer durable n'est, semble-t-il, pas – ou plus – réalisable. Nous avons tous grandi en rêvant d'un amour qui dure, d'une famille stable.

Se rendre compte que peu de gens y parviennent nous fait réfléchir en profondeur sur le monde dans lequel nous vivons.

Au fond, la difficulté ne vient-elle pas du fait même que nous rêvons ? Nous vivons de plus en plus dans un monde virtuel, où l'on veut tout, tout de suite, où l'on exige du bonheur en oubliant que la vie n'est pas une carte postale. La vie est ce qu'on en fait, c'est du réel. La vie, ça se construit. Il faut le rappeler, car la fidélité, l'unité, la famille demandent des efforts.

Nous n'imaginons pas un seul instant qu'un champion olympique obtienne des résultats en claquant des doigts.

Cela nous paraît tous aussi évident qu'un grand sportif travaille quotidiennement pour se dépasser. On imagine donc les efforts réguliers et incessants, les renoncements, les sacrifices pour arriver à exceller, à se dépasser.

De même, dans la vie de tous les jours, dans le travail, mais également dans notre vie privée avec notre famille, c'est en nous dépassant que nous arrivons à quelque chose de durable et de réussi.

Si seulement nous concevions la construction de nos familles comme les bâtisseurs le font. Ceux-ci prennent d'abord le temps de la réflexion. Ils dessinent des plans, anticipent l'effort et peut-être certains renoncements auxquels il faut consentir. Ils savent ce qu'ils vont devoir affronter des difficultés pour atteindre leur objectif. Regardons le Mont-Saint-Michel. Imaginons la satisfaction, le bonheur et la fierté de ses bâtisseurs une fois cet ouvrage réalisé. Si seulement nous étions prêts aux mêmes efforts, aux mêmes renoncements, afin d'atteindre nos objectifs de vie. Nous serions alors probablement mieux parés pour les obstacles, les joies et les peines.

Agir autrement ne peut à mon sens que conduire à des déceptions et à des histoires qui ne durent pas.

Je ne peux que conseiller à ceux qui veulent fonder une famille qui reste unie d'arrêter de rêver, de regarder la vie en face et de définir leur projet.

Avec Anne, nous avons toujours été clairs sur nos objectifs. La famille en était le centre. Ni moi, ni elle, ni nos enfants ne sont parfaits. Nous le savons, et nous fuyons le rêve du conte de fées. C'est en usant de notre volonté que notre famille existe et qu'elle est aujourd'hui unie. Nous avons la chance de pouvoir nous appuyer sur notre foi. C'est certes moins répandu dans le monde d'aujourd'hui, mais notre foi et la prière sont d'une grande aide au quotidien. En particulier lorsque nous rencontrons des obstacles, des difficultés, une certaine forme de lassitude ou d'habitude. Notre foi nous permet de nous retrouver autour de l'essentiel et d'y puiser la force nécessaire pour continuer notre chemin, sans céder aux sirènes de l'égoïsme.

Aujourd'hui que les gens nous connaissent un peu mieux, une autre question nous est souvent posée : « Comment avez-vous réussi à transmettre l'amour du chant et de la musique à tous vos enfants ? » Suivie généralement des deux corollaires suivants : « Chantent-ils réellement sans contrainte ? », « Est-ce qu'ils aiment vraiment ça ? ».

À la première question, je réponds spontanément que je suis le premier à en être étonné. Ce que nous faisons en famille n'est jamais le produit d'un calcul. En vérité, c'est quelque chose qui s'est opéré naturellement avec le temps, les valeurs transmises à nos enfants, l'attention particulière portée à chacun individuellement et au groupe dans son ensemble, les moments forts passés en commun.

Nous avons effectivement cultivé l'écoute et l'entraide entre nous. Ce qui nous arrive est le fruit d'un mode de vie.

Évidemment, l'harmonie qui s'exprime en musique n'a pu être possible que parce que chacun avait reçu des talents, des dons particuliers à ce niveau. Mais elle s'est révélée aussi parce que c'est une discipline familière.

Grandir dans une famille où Anne et moi aimions la musique, la pratiquions et en écoutions beaucoup a constitué le cadre qui a facilité ce développement chez nos enfants. Il n'est pas rare d'observer dans certaines familles la transmission d'une passion et d'un métier de génération en génération. C'est souvent vrai dans le domaine du sport, chez les agriculteurs et les vignerons, mais aussi dans l'enseignement, le commerce, etc.

Il est évident que le cadre dans lequel on grandit influe souvent. Ce qui est plus rare, c'est lorsque cent pour cent des membres d'une famille suivent le même chemin. Dans le cas de la nôtre, il est d'ailleurs trop tôt pour savoir si nos six enfants feront carrière dans la musique.

Ce qui est certain, c'est que nous vivons actuellement une expérience unique. Le chant est un dénominateur commun, une sorte de ciment familial qui nous unit, nous fait vibrer et vivre des moments particulièrement profonds.

Je ne sais pas si l'on naît musicien… On a ou pas des dispositions, mais il en va de même dans de nombreux domaines. On devient musicien comme on devient homme ou femme. On devient musicien comme on devient boulanger ou ingénieur.

Évidemment, nous sommes aidés en cela par nos deux aînés qui empruntent le chemin de la musique. S'ils avaient choisi d'autres voies, les choses auraient tourné différemment pour la famille.

Le travail ensemble, les répétitions sont des passages obligés pour créer l'harmonie. Car l'harmonie se construit aussi. C'est le fruit de l'effort et de la volonté

Je mentirais si je disais que tous nos enfants se réjouissent lorsque nous répétons. Mais tout le monde a pris conscience que c'était incontournable. C'est la seule façon d'être prêts pour les concerts. Il y a une véritable adhésion de toute la famille à cette aventure.

Outre cette magie de l'instant, lorsque nous sommes face au public et que nous arrivons à vivre des émotions incroyables grâce à la musique, il y a aussi le fait que nous chantons dans le cadre de cérémonies religieuses et que notre chant vient prendre tout son sens au cœur de notre vie de foi.

8

Premiers pas dans l'émission

Gabriel : À huit, nous avons une complémentarité qui nous donne accès à un large répertoire de musique sacrée, et nous permet de voyager d'une époque à l'autre sans difficultés. À aucun moment nous n'avons envisagé de chanter autre chose que de la musique sacrée pour la première audition de « La France a un incroyable talent ». C'était d'emblée un choix assumé.

Je me souviendrai toujours de notre arrivée sur le plateau. Le jury nous scrutait avec curiosité. Puis le dialogue et l'humour ont rompu la glace. Sans surprise, les clichés habituels dont on affuble une famille nombreuse versaillaise se sont succédé. Les reparties fusaient dans la bonne humeur, mais nous avions hâte de chanter, de parler musique, d'entrer dans le vif du sujet.

Le silence s'est fait. C'était à nous.

À chaque concert, lorsque vient le moment de chanter devant un public, une connexion particulière s'établit entre nous grâce à la magie du direct. Le chant nous réunit, l'harmonie vocale nous porte. Je me souviens que les regards des membres du jury ont aussitôt changé. J'ai d'abord observé un étonnement, une surprise. La pureté du son et de la musique les a saisis. Puis le charme de l'harmonie vocale a opéré, la beauté de cette musique les a touchés. Nous avons terminé avec une très belle qualité d'écoute du public et, aussitôt, les applaudissements ont retenti pour nous saluer.

Il nous fallait maintenant attendre le verdict du jury.

Aucun coup de « buzzer » de leur part, nous étions donc confiants. Mais tout restait possible.

Avec du recul, je trouve que nous étions assez détendus malgré l'enjeu. La présence de quelques amis des enfants dans le public contribuait à nous donner confiance. Notre passage sur le plateau jusqu'à l'annonce du verdict a duré près d'une demi-heure.

Les quatre « Oui » du jury ont résonné en nous comme une reconnaissance : nous nous étions montrés à la hauteur du défi.

Nous avons évidemment été très sensibles aux commentaires de Marianne James sur la justesse de notre chant, un point extrêmement important pour nous. Les remarques sur l'harmonie palpable de notre famille nous ont également touchés. En quittant la scène, nous avions le sentiment d'avoir atteint notre objectif, nous étions ravis. Un calme singulier s'était emparé de nous.

Comme si, inconsciemment, nous étions déjà concentrés sur la suite.

Anne : Notre sérénité a marqué l'équipe de production qui gravitait sur le plateau de l'émission. Ils nous ont beaucoup interrogés, avant et après le tournage, pour préparer le portrait qui serait montré lors de la diffusion de l'épisode. Qui étions-nous ? Que ressentions-nous, comment appréhendions-nous la scène ? Autant de questions destinées à mieux nous connaître et à cerner nos émotions. Au sortir de la première audition, ils se sont étonnés de ne pas nous voir déborder de joie. Sans doute s'attendaient-ils à ce que nous nous congratulions, que nous versions des larmes, comme c'est souvent le cas sur les plateaux de télévision. Ce n'est pas du tout notre façon d'être. Nous étions bien sûr heureux, encore transportés par les émotions que nous venions de partager. La pression redescendait petit à petit et nous avions besoin de temps pour prendre pleinement conscience de ce que nous avions vécu. Nous savions aussi que, malgré les quatre « Oui », la qualification n'était pas encore assurée. La prudence était de mise afin d'éviter des déceptions. Avoir de jeunes enfants vous y oblige. Lors de la diffusion de l'émission en octobre, un journaliste m'a demandé : « Êtes-vous heureux ? Comment se manifeste votre joie ? » Ma réponse n'a pas manqué de le surprendre : « Nous sommes très joyeux mais dans une joie de "cinquième mode", une joie réelle mais sobre et intérieure. Car elle n'est pas complète. Nous n'avons pas gagné, nous avons franchi une étape. Une heureuse étape que nous savourons, cependant le souvenir du travail réalisé et de celui qui nous attend ne nous permet pas de *laisser éclater notre joie*, comme dit le cantique d'Isaïe. »

9

Variations sur le thème de la joie

Anne : Le cinquième mode est une référence au chant grégorien, dont je suis une passionnée. J'aime apparenter mes actions, ma vie à une musique tournée vers le ciel mais enracinée dans le sol.

Le chant grégorien peut parfois paraître rébarbatif, ennuyeux, et j'avoue qu'il a pu m'arriver de le penser. Tombée dedans lorsque j'étais enfant, j'ai eu la chance d'apprendre à le connaître, d'abord en le chantant puis, ces dernières années, en cherchant à mieux le comprendre.

Le chant grégorien est un ensemble de prières (le plus souvent des versets de psaume ou d'Évangile) mis en musique à une seule voix (la polyphonie n'existait pas encore). Il s'agit d'une musique très ancienne qui trouve ses origines dès le IIIe ou IVe siècle, et qui doit son nom au pape Grégoire le Grand. Longtemps transmise de façon orale, elle a été retranscrite sur partition à partir du IXe siècle. L'une de ses fonctions premières est l'appel à la méditation, au cheminement intérieur, afin de faire vivre en soi la parole de Dieu. Le chant grégorien repose sur un texte biblique (en latin). Il accompagne la liturgie, nourrit spirituellement les chanteurs, les fidèles et celui qui cherche la paix du cœur. Ainsi, il s'adresse à tout un chacun.

De nos jours, le chant grégorien conserve en partie sa tradition orale, car beaucoup le chantent par cœur, sans lire les partitions.

Les modes grégoriens, quant à eux, permettent de traduire des atmosphères, des ambiances, en rapport avec le texte qui est porté par la mélodie. En prendre conscience permet d'envisager sous un autre angle cette musique héritée de nos ancêtres. Chaque pièce grégorienne nous fait pénétrer plus profondément dans le mystère et la finesse de l'existence. Une fenêtre s'ouvre alors sur l'infini. Chaque pièce est écrite pour un moment liturgique particulier (Noël, Pâques, etc.) ; il en existe des milliers à chanter tout au long de l'année. Et chaque pièce est composée selon un certain mode, c'est-à-dire selon un agencement des intervalles bien particulier. Il existe 8 modes en chant grégorien, ou, plus exactement, quatre modes (*ré-mi-fa-sol*) qui se dédoublent (en un mode aigu et un mode grave). La succession des modes de 1 à 8 (soit 2x4), est comme un itinéraire qui nous ferait quitter les ténèbres pour entrer dans la lumière. On attribue à chaque groupe un élément de la cosmologie, du plus lourd au plus léger :

la terre (*ré*/1-2), l'eau (*mi*/3-4), l'air (*fa*/5-6) et le feu (*sol*/7-8). Ces éléments naturels font partie de la vie de chacun et de la foi chrétienne. Techniquement ou mélodiquement, un mode est une succession de notes comparable aux barreaux plus ou moins rapprochés d'une échelle à gravir. Ce qu'on pourrait appeler en musique des enchaînements de tons et demi-tons. Ces enchaînements créent un climat particulier. Les mélodies qui en découlent expriment ainsi les subtilités de l'âme humaine face à Dieu et face au monde qui l'entoure. Notre système de notation moderne n'a retenu que deux modes, un mode majeur qualifié de joyeux et un mode mineur qualifié de triste. En réalité, ce qu'on appelle la modalité est un moyen d'expression très riche.

La succession des modes grégoriens est un chemin vers le ciel.

Lorsque nous avons appris que nous étions les vainqueurs de l'émission, la joie contenue en nous s'est transformée en une joie éclatante, celle du septième mode. Une vraie évolution, comme une récompense de nos nombreux efforts, de nos heures de travail. Nous étions dans l'allégresse, très enthousiastes. Nous avions envie de chanter des Alléluia. Le champagne a coulé, pétillant de bulles comme les émotions qui nous submergeaient. Une joie humaine indescriptible, aérienne.

Cette joie, pure et légère, fut de courte durée puisque notre victoire a aussitôt été décriée sur les réseaux sociaux. De nombreux internautes sont intervenus, surtout sur Twitter et Instagram, pour exprimer des avis lapidaires sur notre consécration. « Chanter n'est pas un talent », « Il n'y avait rien d'extraordinaire dans leur prestation », « Ils ne le méritaient pas ». Passons. Les réseaux sociaux sont un lieu d'échanges sans aucun filtre, tous les coups y sont permis. Ils s'assimilent parfois à un déversoir de haine dont la cible est l'actualité du moment. Tout le monde en prend pour son grade. Quelques jours plus tard, c'est la nouvelle Miss France qui a eu droit à son lot d'injures après son élection. Les rageux étaient passés à autre chose. Mais le mal était fait. Nous sommes alors, en quelque sorte, tombés dans les affres plus tristes et graves des deux premiers modes, ceux de la terre. Cet épisode, que nous avons vécu en famille, nous a montré qu'une joie pouvait cacher une souffrance, et nous sommes restés paisibles malgré tout.

La joie parfaite existe-t-elle ici-bas ? Il y avait une leçon à en tirer, que nous avons fini par accepter.

Il fallait de toute façon rebondir. Quelques mois plus tôt, profitant que nous étions tous réunis suffisamment longtemps, nous avons enregistré quelques interprétations regroupées sous le titre *Ave Generosa*. C'est un CD fait à la maison, un fruit du confinement.

Nous avions choisi, entre autres, le *Dormi Jesu*[1] de Kim André Arnesen, un auteur contemporain norvégien que nous affectionnons. C'est une berceuse à l'Enfant-Jésus, un magnifique chant de Noël. Nous avions dans l'idée de le poster sur YouTube pour les fêtes. Nous ne savions pas, au moment de tourner les images pour le clip, que nous serions les heureux vainqueurs de « La France a un incroyable talent ». Une fois le clip prêt, nous l'avons donc publié au lendemain de notre victoire, comme un cadeau de remerciement à toutes les personnes qui nous avaient soutenus, qui avaient voté pour nous. C'était une manière de répondre par un geste de paix et de silence à toutes les insultes. Ce qui comptait avant tout était le message d'amour que nous avions voulu partager avec notre chant de Noël sur le plateau de la finale de « La France a un incroyable talent ». La paix était revenue.

1.

Reparlons du chant grégorien, qui est avant tout une musique véhiculant la paix de l'âme. En synthétisant ces quelques idées, j'ai cherché à décrire une passion qui donne du sens à beaucoup de mes actes. En s'y intéressant de près, chacun peut constater qu'il ne s'agit ni d'une musique de musée ni de chants réservés aux religieux, mais d'une expérience profondément

1.

humaine, qui se vit avant tout. Nous écoutons peu de chants grégoriens à la maison, car nous préférons les interpréter ou les écouter dans les lieux qui leur sont dédiés. Chacun, croyant ou non, peut se sentir porté par un lieu chargé de sens et d'histoire, bercé par le chant des moines, et tandis que la paix s'installe en lui sans forcément comprendre le sens profond de cette musique. Justement parce que le chant grégorien[1] parle à nos sens, sans s'adresser à eux, et qu'il pénètre le cœur sans passer par la raison… C'est une expérience à faire en allant visiter, au détour d'un périple, des églises, des monastères où l'on vit au rythme des offices religieux, en se laissant surprendre et emporter. Un instant, le temps s'arrête, c'est magique.

10

En route pour la demi-finale

Gabriel : Nous n'avons pas appris tout de suite notre qualification pour les demi-finales. Le jury a délibéré avant de sélectionner les derniers vingt-six candidats. Cent au départ, un certain nombre avaient été évincés après avoir été « buzzés », disqualifiés en un coup de sonnette. J'ignore quel mode grégorien Anne retiendrait pour exprimer notre réaction à l'annonce de la bonne nouvelle, mais c'était une sorte de soulagement après l'attente et le suspense. Nous étions également fiers de pouvoir continuer à défendre notre univers musical. À partir de ce moment, nous devions décider du programme à proposer pour la demi-finale.

J'ai plutôt l'esprit de compétition. Le cap des auditions franchi, nous nous sommes totalement pris au jeu. Qui n'aime pas gagner ? Nous avions en quelque sorte passé les éliminatoires, tout restait à faire. En outre, l'accueil que nous avait réservé le jury laissait penser que nous avions nos chances. Il nous semblait que nous étions sur la même ligne de départ que les autres. Il n'en fallait pas plus pour motiver les troupes. Après tout, mieux valait désormais jouer pour gagner. Nous souhaitions donc mettre toutes les chances de notre côté pour atteindre la finale.

L'idée était de choisir un chant possédant un « vocabulaire » différent de ce que nous avions proposé jusque-là, afin de surprendre le jury.

Nous aimons beaucoup de styles de musique. En tant qu'ensemble vocal, nous étions évidemment séduits par la performance de nombreux groupes *a cappella*. Comme les Anglais des King's Singers, qui ont revisité beaucoup de morceaux connus, les Israéliens de The Voca People, dans un registre beaucoup plus pop, ou encore les Américains de Pentatonix, dont les arrangements, très modernes, nous plaisent aussi beaucoup, comme nous l'avons déjà dit. Nous avions déjà repris en concert leur version de la chanson *Hallelujah* de Leonard Cohen, certes sans le beat box !

Nous avons finalement opté pour présenter ce titre lors la demi-finale. Mais la production nous a rétorqué que cela avait déjà été fait et refait, et nous a conseillé de choisir autre chose. Toute la difficulté résidait dans l'équilibre à trouver entre un style plus moderne et un chant qui reste dans notre répertoire de musique sacrée. Le but était de défendre, en restant nous-mêmes, cette musique trop méconnue, ce qui impliquait de sélectionner un chant qui nous plaise vraiment. Après plusieurs essais, nous avons fini par nous décider pour un *mash-up*[1], intégrant malgré tout un extrait de *Hallelujah* de Leonard Cohen au milieu d'un autre chant, *Plus près de toi mon Dieu.*

Ce dernier est un chant choral chrétien du XIXe siècle, célèbre pour avoir été joué par les musiciens de l'orchestre du *Titanic* juste avant le naufrage du paquebot. C'est une supplique, un appel, un cri vers Dieu pour se remettre entre ses mains.

Anne a arrangé les partitions pour rendre compatibles cette adaptation et ce mélange. De mon côté, j'ai adapté le texte afin de montrer la cohérence entre les deux chants. Cette fois-ci, notre choix remporta l'approbation de la production.

En fin de compte, cet échange avec cette dernière nous aura permis d'aller plus loin, d'aller au-delà de l'évidence. Ce *mash-up* a été un véritable aboutissement, un travail commun en famille où chacun a apporté sa contribution à une proposition nouvelle. Nous avions retenu un chant peu connu, avec, au milieu, un grand standard.

Ce *mash-up* nous permettait aussi de continuer à montrer les différentes facettes de la famille, outre l'harmonie et l'unité du chant à quatre voix.

Après l'audition où Blanche et Raphaël avaient pu faire entendre leurs voix, l'occasion se présentait de

1. Genre musical hybride, chanson créée à partir d'une ou deux autres chansons préenregistrées.

faire découvrir la tessiture de Gaël qui, dans ce chant, passe du registre de basse à celui de contre-ténor, sa voix de prédilection, celle qu'il travaille.

L'apprentissage n'était pas évident, il allait nous demander beaucoup d'efforts. En y repensant, une phrase de Jean Piat, cet acteur incroyable, me revient en mémoire. J'ai en effet eu la chance de pouvoir enregistrer sa voix sur plusieurs projets de disque et de concert, mais aussi de me retrouver, il y a quelques années, dans son appartement, où j'avais emmené Blanche pour assister à la séance. À cette dernière, qui l'interrogeait sur la manière dont il avait bâti sa carrière, il avait répondu ceci : « Un peu de talent et surtout du travail, du travail et encore du travail. »

Anne : Notre première rencontre avec Jean Piat a eu lieu lors de l'enregistrement du CD *Pèlerin de Chartres* en 1997. C'était juste après la création de Rejoyce. Comme nous l'avons expliqué plus haut, Rejoyce a un label spirituel. Ce projet avec Jean Piat visait à explorer un épisode de la vie de Charles Péguy, qui fit le vœu d'entreprendre un pèlerinage de cent quarante-quatre kilomètres à pied jusqu'à Chartres afin de rendre grâce pour la guérison de son fils alors souffrant. L'œuvre de Péguy comporte des pages magnifiques de profondeur. Depuis, de nombreux pèlerins font la même route chaque année. Nous en faisons partie.

Pour *Pèlerin de Chartres*[1], le projet était d'allier des extraits du texte de Péguy avec quelques pages de musique sacrée. C'était l'idée d'un ami, Jean-Marc, et notre premier CD ; il a rencontré un certain succès. Les textes de Péguy servis par la voix de Jean Piat y ont beaucoup contribué. Nous avons gardé en mémoire ces instants inoubliables. Sa voix chaude, grave, profonde et forte, à la diction unique, faisait résonner à merveille les mots de Péguy.

1.

Jean Piat fait vraiment partie de ces acteurs qui ont su nous marquer. Il avait la classe des grands, et c'était une personnalité importante du théâtre. Nos enfants l'admiraient régulièrement en regardant le feuilleton *Lagardère*, d'après *Le Bossu* de Paul Féval, où il excelle dans le rôle principal. Et ils ne se lassent pas de l'écouter prêter sa voix au personnage de Scar dans *Le Roi lion* ou au mage Gandalf dans *Le Seigneur des anneaux*, qu'il double merveilleusement. Nous voulons rendre hommage à celui qui a su charmer toutes les générations et qui est monté sur les planches jusqu'aux dernières années de sa vie. Nous avons pu voir son ultime spectacle sur une scène parisienne. Bien que fatigué, il menait à merveille son rôle. Il illustre ainsi parfaitement le travail d'une vie entière au service de son talent.

11

« Qu'as-tu fait de ton talent ?[1] »

Anne : Mon père avait l'habitude de dire qu'il fallait cultiver les dons reçus, faire fructifier ses talents. C'est quelque chose qui m'a marquée. Le propre des parents est de toujours vouloir le meilleur pour leurs enfants. Maintenant que j'endosse ce rôle à mon tour, je saisis mieux cette idée. Nos enfants sont des dons et nous en avons la charge. Nous avons ce rôle si déterminant de mettre en leurs mains ce qui fera d'eux des hommes et des femmes épanouis et libres. C'est une grande et belle responsabilité. Le devenir d'un enfant est comme la graine que l'on arrose et que l'on nourrit jusqu'à ce qu'elle se développe pleinement et qu'elle devienne autonome. Le cycle de la vie humaine est lent, et il faudra de longues années pour que nos enfants volent de leurs propres ailes.

On ne peut parler du talent sans évoquer le don. Qui n'a jamais espéré, comme dans le conte de Charles

1. Mathieu 25, 14-30.

Perrault *La Belle au bois dormant*, que sept fées se penchent sur son berceau pour lui donner toutes les perfections imaginables, la beauté du corps et de l'esprit, la grâce ou une voix extraordinaire… de sorte que tout dans la vie soit bon et positif, merveilleux, sans contrainte. Bien sûr, cela n'existe que dans les contes de fées…

La plupart d'entre nous ont reçu un corps doté des cinq sens. La vue, l'ouïe, le goût, l'odorat et le toucher. Cinq sens qui nous relient à la vie et nous permettent de percevoir le monde qui nous entoure, d'être en interactivité avec les choses extérieures. Voir, entendre, goûter, sentir et toucher. Il se peut qu'il nous manque l'un d'eux, soit dès la naissance, soit à la suite d'un accident. Nous avons un ami aveugle, qui a une voix de basse extraordinaire. Et pourtant, malgré ce handicap certain, il nous démontre que l'être humain a des capacités insoupçonnées, en développant les autres sens de façon fascinante, notamment celui de la perception et de l'attention. Nous avons sans cesse le sentiment qu'il voit mieux que nous, car il le fait avec son esprit, avec l'œil du dedans. Un sixième sens, dirons-nous. L'ensemble de ces dons lui a permis de devenir talentueux.

Nous avons tous reçu des dons à notre naissance, dans notre corps et dans notre esprit. Ils sont là dès l'origine, comme un cadeau du ciel. À nous de les développer et de les transformer en talent par le travail. Et même s'il semble parfois qu'il faille abattre des montagnes pour y parvenir, cela en vaut toujours la peine.

À chaque rentrée, les parents désireux de voir s'épanouir leur enfant cherchent l'activité qui correspondra le mieux à sa personnalité. *Découvrir ses talents et ses capacités, les cultiver et par la suite les mettre au service des autres est le travail de toute une vie*, a dit le pape François. Pour l'un, tout est simple, il chante très bien, on l'inscrit au conservatoire ou à la chorale de l'école. Pour un autre doué en sport, ce sera le club sportif de la ville. Certains feront les deux, au risque de s'essouffler. D'autres n'ont pas de désir particulier et préfèrent rester chez eux, jouer, s'ennuyer, lire. Chacun est différent, et ceci s'apparente finalement à la recherche du bonheur – une notion dont nous parlerons plus loin. Les années filent et le don s'affine, à moins de changer d'activité chaque année. Certains persistent et atteignent un haut niveau musical, sportif, etc.

Chez nous, nos enfants ont gardé les mêmes activités, et nous les avons encouragés à la persévérance. Faire fructifier un don pourra demander beaucoup d'efforts, de peines, de souffrances physiques, psychiques. Au fil des mois, des années, confié aux bons soins d'un professeur, l'enfant progresse et peut commencer à récolter les fruits de son travail.

Beaucoup s'émerveillent devant le jeu prodigieux d'un musicien. On le félicite, on dit qu'il est doué ! Oui, c'est vrai, mais combien savent les heures de travail et de labeur, seul face à son pupitre, qu'il a passées à peiner, à se décourager, avant d'y parvenir. La solitude du musicien est grande. Une solitude inévitable puisque sa progression et son rapport à son instrument lui appartiennent ; il est seul acteur de son talent. La présence aimante et discrète d'un parent ou d'un professeur secondant l'intelligence peut tout changer. Un mot, une attention peuvent avoir d'immenses répercussions. Et un jour, celui à qui on a donné donnera peut-être à son tour ce qu'il a appris.

Le talent a un prix, mais les récompenses sont grandes. Il faut beaucoup d'abnégation et de renoncement pour aller puiser au fond de soi le trésor qui y est enfoui. Ce talent dont on n'est pas propriétaire, qui nous échappe, qui est fragile, ce talent qui nous est confié, nous vient avant tout de Dieu. Essayons, comme le disait Jean Piat à Blanche, de faire fructifier les dons pour qu'ils deviennent des talents, et d'en être digne. Ainsi, au jour dernier, nous serons fiers de répondre positivement à la question : « Qu'as-tu fait de ton talent ? »

12

La demi-finale

Gabriel : Retour à « La France a un incroyable talent ». Le jour de la demi-finale approche, nous voici partis pour les studios de la Plaine Saint-Denis. Sur place, nous longeons de grands bâtiments, d'immenses hangars abritant les studios de tournage de diverses productions. Un monde dans un monde.

Nous avons été convoqués très tôt. Une loge a été mise à notre disposition, et maquillage, essayages des vêtements et répétitions s'enchaînent toute la matinée.

Il y a même un coach vocal pour nous aider à préparer notre passage.

Le temps file à toute vitesse. Raphaël est comme un poisson dans l'eau, il court partout entre la loge et le *catering*, le point restauration. Un lieu magique où faire le plein de biscuits, de thé ou de Coca – Raphaël a fait une réserve de chips pour plusieurs jours !

Il est temps de se rendre sur le plateau pour les réglages son et lumière. C'est la première fois que nous allons chanter avec des micros serre-tête individuels. Un exercice pour nous inhabituel que nous appréhendons un peu.

Mais tout se passe bien et nous quittons le plateau plutôt rassurés. En surprenant ici ou là des regards, j'ai l'impression que plusieurs membres du staff et de la production ont réellement été sidérés par notre prestation.

C'est encourageant, cela permet de dissiper nos doutes et nos inquiétudes.

Le jour J, la pression monte pendant que les numéros se succèdent. On nous appelle pour nous équiper. C'est bientôt notre tour. Nous attendons le signal derrière l'écran, au fond de la scène.

Quand nous entrons en scène, l'accueil du public et du jury est positif, bienveillant. Nous sentons chez tous les membres du jury une curiosité, une envie.

Nous commençons à chanter, mais tout se complique, les réglages techniques ne sont pas identiques à ceux de la veille. Nous n'avons pas le choix, il faut aller au bout. Nous puisons alors dans l'expérience des concerts pour continuer notre performance sans ciller.

Il y a beaucoup d'énergie dans ce chant. L'osmose se crée entre la salle et nous comme lors de nos concerts. À la fin du morceau, nous nous rapprochons les uns des autres pour nous avancer vers le jury dans un final que nous espérons puissant.

La réaction est immédiate : le jury se lève, tout le public est debout.

J'ai encore aujourd'hui l'impression que les applaudissements ont été sans fin. C'était la première fois que nous vivions ce type d'enthousiasme de la part du public, comme une sorte d'interminable ovation. Cela avait quelque chose de grisant.

Les commentaires ont été très positifs, nous étions très contents de notre numéro. En cet instant, peu importait ce que nous réservait l'avenir dans l'émission, nous étions satisfaits d'avoir fait ce que nous souhaitions. Nous commencions à y croire pour la finale. Nous savions qu'il y aurait beaucoup de numéros de toute sorte et que le nôtre est très particulier, ce qui lui donnait ses chances. Cependant, il y avait déjà eu un « golden buzzer[1] » lors de la demi-finale, il ne restait donc que trois places pour treize candidats. Pendant les auditions, Karine Le Marchand et les membres du jury avaient déjà qualifié d'office cinq candidats pour la finale. Lors de chaque demi-finale, le jury accueille également un invité surprise. Celui-ci a aussi la possibilité de qualifier directement un candidat pour la finale…

1. Si l'un des membres du jury a un coup de cœur pour une prestation, il permet au candidat d'être qualifié directement pour la finale en appuyant sur le « golden buzzer ».

Le reste de la journée a été interminable. Nous ne connaîtrions le verdict de la délibération qu'après 20 heures. Les candidats étaient appelés sur le plateau un par un. Quand notre tour est venu, nous avons avancé en ligne tous les huit. La salle était sombre, excepté le jury placé dans la lumière. Sans public, l'atmosphère était bien différente, ce qui ajoutait à la tension de l'instant.

Hélène Ségara a pris la parole.

Ce que nous avions proposé était vraiment superbe… mais d'un répertoire très élitiste ne correspondant pas aux habitudes des grandes chaînes nationales en prime time… Au fond de chacun de nous, c'était un peu la douche froide. La finale semblait soudain nous échapper. Pendant qu'elle parlait, j'ai commencé à me faire à l'idée que cette belle aventure était terminée pour nous. Je me disais qu'au moins le jury avait aimé ce que nous avions fait et que, si nous nous arrêtions là, c'était pour une question d'audimat et de programmation. Quel dommage. En même temps, nous n'avions rien à regretter de notre prestation. Nous pouvions juste nous désoler qu'il faille, malgré les commentaires élogieux, être sacrifié aux exigences du prêt-à-penser télévisuel.

Nous n'étions pas au bout de nos surprises.

« Mais il est inconcevable que vous ne soyez pas à la finale ! » a conclu Hélène Ségara. Nous avons alors compris qu'elle nous avait fait marcher. C'était un véritable soulagement ! Ce rebondissement s'ajoutait à la dramaturgie déjà intense de la journée. Tout nous paraissait irréel.

Qui aurait imaginé, quelques mois plus tôt, que nous serions qualifiés pour la finale à l'unanimité du jury et avec de tels encouragements ?

En quittant les coulisses, nous avons croisé le staff et d'autres candidats. Ils semblaient tous penser qu'il était évident que nous irions en finale… C'était à la fois enthousiasmant et déconcertant pour nous. C'est d'ailleurs à partir de ce moment que nous avons senti que le regard des gens à notre égard avait changé. Un déclic s'était produit.

Nous sommes rentrés chez nous. C'était le week-end, nous avions quarante-huit heures pour nous remettre de cette expérience, ce n'était pas de trop. En revivant le film de cette journée, nous avons pris conscience de l'impact et de la puissance de ce monde artistique, et, surtout, du monde des médias. C'était vraiment très grisant et, en même temps, cela nous faisait peur, en particulier pour les enfants. Nous-mêmes ressentions déjà à quel point le fait d'être acclamé, ovationné est agréable.

Nous comprenions, ou du moins nous imaginions facilement, à quel point le succès peut faire perdre la tête.

Savoir se recentrer est l'une de nos forces. Nous avons la chance d'être une famille unie. Vivre ce genre d'expérience lorsque l'on est seul doit être particulièrement difficile si l'on veut garder les pieds sur terre.

Aucun de nous n'oublie que nous dépendons les uns des autres et que c'est l'équilibre et l'harmonie qui nous permettent d'être ce que nous sommes.

Et puis, l'aventure n'était pas terminée, nous devions nous concentrer sur la finale.

Il y avait d'un côté quelque chose de stimulant et d'excitant nous poussant à aller plus loin, à vouloir faire mieux, et de l'autre, l'intuition d'une forme de danger à agir ainsi, dans le but de rechercher de nouveau à vivre les mêmes sensations.

Nous avons discuté de comment aborder la suite. Comment à la fois continuer sur ce chemin qui s'ouvrait à nous tout en préservant ce qui, à nos yeux, est fondamental, à savoir l'équilibre de notre famille et le fait d'agir pour le bien de chacun.

Les premières questions qui s'imposèrent furent les suivantes : Que cherchions-nous ? Que voulions-nous ? Était-ce le succès ? Ce n'était pas le but premier de notre participation à l'émission. Nous étions venus avec le désir de partager notre amour de cette musique et de la beauté qui s'en dégage, avec l'envie de partager cette joie avec le plus grand nombre. La réponse était donc assez naturellement de poursuivre dans le même élan et, pour y parvenir, le plus simple nous semblait de tout mettre en œuvre afin de rester nous-mêmes, quels que soient la médiatisation et l'enthousiasme naissant. Nous avons beaucoup parlé de cette expérience en famille pour mettre des mots sur ce que nous avions ressenti et vécu. Nous avons aussi pris le temps de redéfinir ce qui nous réunit et ce qui nous anime. Ce travail nous a permis de mettre en évidence que le plaisir de chanter ensemble était en fait plutôt une joie véritable. Et que cela était lié évidemment à la complicité de chanter en famille mais aussi au répertoire que nous avions retenu et que nous aimons interpréter. Tous ces constats et ces discussions ont confirmé notre choix : servir la beauté plutôt que chercher le succès.

13

La finale approche à grands pas

Gabriel : Nous avions quinze jours pour nous préparer. Quinze jours pour trouver ce que nous allions chanter, le travailler, le mettre en place et l'apprendre par cœur.

Cette période a certainement été la plus difficile de l'aventure. Le temps était court et la pression n'a cessé de monter. Au moment de choisir le titre que nous allions interpréter, les avis divergeaient ; chacun présentant des arguments convaincants, la tâche n'en a été que plus ardue.

En quittant la demi-finale, le jury nous avait suggéré des idées. Plusieurs options s'offraient à nous. Nous pouvions aller encore plus loin, à la périphérie de notre répertoire de base, afin de toucher un public plus large. Le choix d'un chant encore plus entraînant et dynamique que celui que nous avions interprété en demi-finale s'imposait alors. Une option que nous n'avons pas retenue. D'une part, nous n'étions pas tout à fait convaincus que la surenchère soit une bonne stratégie et, d'une autre part, cela n'aurait pas été cohérent par rapport à ce que nous avions l'habitude de faire.

Nous avons finalement convenu de choisir un chant de Noël puisque la finale serait diffusée mi-décembre. Cela nous paraissait idéal, même s'il y avait beaucoup d'écueils à esquiver. Nous ne voulions pas d'une musique de supermarché, et il fallait éviter aussi de prendre un chant trop méconnu, là était toute la difficulté.

Nos goûts nous portent souvent hors des sentiers battus, vers des chants dont l'écriture est particulièrement élaborée. À ce titre, nous apprécions beaucoup John Rutter, un compositeur anglais contemporain, dont nous aimons interpréter les compositions. Son écriture, très actuelle et cinématographique, le rend facilement accessible à l'écoute, comme celle d'Ola Gjeilo que nous avons déjà évoquée. Il trouve ses racines dans le patrimoine et la tradition du chant choral, tout en sachant y apporter une forme de modernité sans rupture. Nous hésitions donc entre deux chants peu connus du grand public, mais la prise de risque nous paraissait trop importante. L'idée de faire un nouveau *mash-up* a alors émergé, mais nous peinions encore à trouver un autre chant, connu cette fois, qui puisse s'intégrer et se mélanger avec celui que nous avions finalement choisi. Après de multiples essais infructueux, nous étions toujours insatisfaits.

Puis une solution évidente s'est imposée : nous allions intégrer le traditionnel *Douce nuit*. C'est un grand classique que nous chantons tous les Noël à la veillée, un chant connu dans toutes les langues, un vrai chant populaire, au sens noble du terme.

Nous avons alors fait des essais et, incroyable, le *mash-up* fonctionnait parfaitement. Dans le Noël de Rutter que nous voulions chanter, *All Bells In Paradise*, il y a une partie *a cappella* qui nous paraissait difficile à faire entendre. Le *Douce nuit* retenu était dans le même ton et remplaçait très adéquatement ces mesures problématiques. Ce passage constituerait donc la surprise de la soirée. Nous l'avons proposé à la production qui a été emballée.

Il restait désormais à travailler et à mettre en place notre numéro, d'autant que la partie de John Rutter comprend un accompagnement au piano.

Les répétitions ont été quotidiennes et intensives, nous avancions bien. Comme depuis le début de la saison de l'émission, nous devions passer, en cette année de Covid, des tests PCR avant chaque étape. À trois jours de la finale, les résultats sont tombés. Les sept premiers étaient négatifs. L'inconcevable s'est produit pour le huitième, celui d'Emmanuel. Il était 23 heures, Emmanuel paraissait en pleine forme, mais il était bel et bien positif. Pour nous tous, ce fut la douche froide. Nous avons appelé la production afin de les en informer. L'espoir est revenu quand ils nous ont annoncé qu'ils allaient chercher une solution pour que nous puissions quand même participer.

À vingt-quatre heures de la finale, nous avons appris que nous participerions en duplex depuis chez nous. Il n'y aurait pas de plateau, pas de piano, ni d'éclairages, ni décor. La prestation oui, les paillettes non ! C'était un peu dur, mais il fallait vaillamment continuer à défendre nos chances.

À 8 heures du matin, l'équipe de nettoyage et de désinfection est arrivée dans notre appartement pour éliminer toute trace possible du virus. On se serait cru dans un film de science-fiction ! Afin de pouvoir tourner nos séquences, la production avait déployé des moyens surréalistes. Nous observions, à travers la fenêtre de la chambre dans laquelle nous étions confinés, l'équipe d'intervention en tenue de cosmonaute.

Deux heures plus tard, les techniciens sont arrivés à leur tour pour installer la caméra et les micros. L'équipe a pris ses quartiers dans notre cuisine, à l'autre bout de l'appartement. Il ne devait pas y avoir de rencontres, ni de contact entre nous. Une fois le matériel mis en place, nous pourrions venir dans le salon pour un essai.

À l'heure convenue, nous avons été appelés par téléphone. Nous nous sommes postés devant la caméra pour faire un essai dans les conditions du direct qui aurait lieu le soir. Afin que tous les candidats soient dans les mêmes conditions, nous devions intervenir à l'instant prévu, comme si nous étions sur le plateau.

Le moment venu, nous sommes en place. Le jury peut nous voir, comme les autres candidats dans le public. Nous, nous n'avons aucun retour vidéo, seul le son nous parvient avec un décalage de plusieurs secondes.

C'est compliqué : il fait froid, les fenêtres sont ouvertes pour que l'aération soit maximale. Nous devons garder le sourire et faire de notre mieux. Emmanuel, lui, reste à l'écart, il ne sera pas avec nous pour l'exécution de notre dernier chant. Mais il n'est pas loin, il nous entend. Finalement, nous sommes comme un clan uni dans l'adversité.

Le feu vert est donné, et c'est parti. Pour remplacer le piano, Anne a sorti sa flûte.

Anne : La famille me suppliait depuis longtemps de jouer de la flûte sur scène, mais je trouvais ça trop compliqué à gérer avec le chant, le stress, etc.

Nous aimons la musique de John Rutter pour son côté festif et magique. Le *All Bells In Paradise*[1] l'est particulièrement puisqu'il met en évidence la joie de Noël. Mais, sans accompagnement, il perd une partie de

1.

sa saveur. J'ai donc fini par céder. À défaut de piano, le seul instrument possible était la flûte et, qui plus est, celle-ci pouvait permettre d'introduire le solo de Gaël en créant un peu d'harmonie grâce à son registre médium qui donnait un son rond et chaud. En quelques heures, nous avons réadapté le début du Noël de Rutter dans une belle version moins dépouillée grâce à l'accompagnement. Les idées de chacun fusaient, le moral remontait.

Gabriel : Cela faisait une drôle d'impression de participer à une finale dans de telles conditions. Surtout après le souvenir de la demi-finale, de toutes ces lumières, de tous ces moyens techniques fascinants. Nous nous retrouvions soudain dans le désert, dans le noir, à devoir avancer à l'aveuglette. Au moins avions-nous l'avantage de bien connaître l'acoustique de notre salon.

Tout se passe ensuite très vite. À un signal donné, nous entonnons le chant. La prestation ne semble durer qu'un instant. Une sensation un peu frustrante.

À cause du duplex, la communication est difficile, mais il faut faire avec. Quelques échanges avec le jury, malgré le décalage du son, nous permettent de nous sentir un peu présents.

L'attente commence. Le verdict tombera presque un mois et demi plus tard, lors de la diffusion de l'émission.

Un mois et demi d'espoir, de doutes, d'une myriade d'émotions éclectiques.

Pour ne rien arranger, nous nous sommes rendu compte que, lors du tournage de notre séquence, la caméra avait été disposée face à notre « fameuse » tapisserie. Elle représente une scène champêtre et bucolique. J'aime beaucoup les tapisseries, j'ai eu la chance de pouvoir en acheter dans des brocantes. Celle de notre salon m'a coûté une cinquantaine d'euros, plutôt une bonne affaire, mais voilà... Versaillais, catholiques, famille nombreuse... les clichés pleuvaient déjà. Alors notre tapisserie, en gros plan sur M6 à une heure de grande écoute, ce serait le pompon ! Nous pensions que ça allait nous desservir et donner une image décalée de nous tandis que les autres candidats bénéficiaient des effets spéciaux, des décors et de la lumière du plateau.

Finalement, la tapisserie n'aura rien changé à la donne. Peut-être, au fond, a-t-elle joué en notre faveur !

Toutefois, sur le moment, bien que contents de notre performance, nous doutions fort de nos chances.

14

Le soir de la victoire

Anne et Gabriel : Il fallait s'armer de patience. Après le tournage de la finale, au début du mois de novembre, les semaines se sont succédé avec la diffusion des auditions sur M6. Un décalage que nous ne pouvions expliquer aux gens que nous croisions. Ils savaient que nous participions à l'émission, ils avaient vu notre audition, mais nous ne pouvions rien dire sur les suites de l'aventure. Nous étions tenus de ne pas révéler notre qualification pour les demi-finales et de ne pas évoquer la finale puisque les qualifiés pour les demi-finales ne seraient officiellement révélés qu'une semaine avant sa diffusion. Cela a donc été un mois d'attente, où nous reprenions un rythme normal ; d'ailleurs, nous parlions peu de la compétition, entre nous. À partir de la diffusion des demi-finales, la réalité nous a rattrapés.

La seconde demi-finale, celle où nous étions programmés, a été diffusée une semaine avant la finale. Tout s'est accéléré. Nous avons d'abord reçu un flot de messages. Notre prestation avait rencontré un certain succès. Notre qualification pour la finale a provoqué la sidération et l'excitation autour de nous.

Le bouche à oreille a commencé à fonctionner sur les réseaux sociaux et dans la presse, où notre prestation était relayée et commentée. Nous nous disions que tout était possible, tout en pensant que les conditions dans lesquelles nous avions tourné la finale allaient jouer en notre défaveur. Il ne fallait pas s'emballer.

Le 15 décembre, lors de la diffusion de la finale, nous étions en place, connectés en duplex avec notre ordinateur, comme tous les autres candidats. Nous avons découvert alors les images de notre prestation projetée sur l'écran de fond de scène. Les décors prévus, avec la neige et les sapins, avaient été ajoutés.

Nous nous sommes trouvés très moches, même si le chant nous a paru très beau. Raphaël, comme à son habitude, était craquant avec son costume et son nœud papillon. Il avait très bien chanté sa partie, et l'harmonie vocale était vraiment perceptible à l'écran. Nous avons reçu beaucoup de messages de personnes nous assurant voter pour nous. La soirée a été longue, interminable. Il restait encore dix candidats à passer. Quoi qu'il advienne, nous étions fiers de notre parcours. Les messages d'encouragement nous donnaient raison. Nous avions bien fait de participer à cette aventure et de faire découvrir la musique sacrée à un public très large qui semblait y adhérer pour une belle part.

Le soir de la victoire

Nous sommes tous assis devant la caméra, le verdict s'apprête à tomber. Un verdict en deux étapes ! Sur les treize finalistes, seuls cinq vont rester à l'écran. Nous sommes en cinquième position dans cette liste ! À partir de ce moment-là, la tension, le stress et l'émotion s'emparent de chacun de nous. L'élimination des candidats reprend, nous ne sommes plus que quatre, puis trois, et enfin deux.

Malgré notre calme apparent, le stress nous dévore. Il nous paraît inconcevable d'être encore en lice. Puis c'est l'explosion de joie, nous sommes les vainqueurs, plébiscités par un tiers des votes des téléspectateurs. Depuis notre appartement, tout semble abstrait, pourtant la victoire est bien réelle. Le direct se termine rapidement. Nous avons la curieuse impression de vivre quelque chose d'exceptionnel mais sans vraiment le vivre.

Il est presque minuit, le téléphone sonne, nous avons à peine eu le temps de saisir ce qui nous est arrivé, c'est déjà l'heure de la première interview. Au même moment, la sonnette de la porte d'entrée retentit, des membres de la famille débarquent. Un moment extrêmement chaleureux qui nous a fait prendre conscience que nous ne vivions pas un rêve, ni une expérience virtuelle. Le champagne a coulé pour célébrer notre victoire tous ensemble, et, naturellement, nous n'avons pu nous empêcher de chanter, et de rendre grâce.

15

La musique, un pont entre les générations

Anne : Cette victoire, c'est évidemment le fruit du travail, du talent, mais c'est aussi l'adhésion du public à un certain nombre de valeurs que la famille représente, tout particulièrement la fraternité, l'amour, le partage de repères et de passions communes. C'est un manifeste pour la défense d'une culture commune et civilisationnelle. Et d'ailleurs beaucoup de gens nous demandent comment nous avons transmis la passion de la musique et du chant à nos enfants. Une part de la réponse commence par l'écoute. Pierre Boulez affirmait : « Écoutez, c'est très simple. » La musique est une affaire d'imprégnation, au fil du temps, au fil des années. Nous pouvons même dire, en reprenant les termes de Zoltán Kodály, pédagogue et compositeur, que cela commence neuf mois avant leur naissance : « Plus on commence tôt, meilleures sont les chances que l'enfant développe au maximum ses capacités musicales, et le mieux serait de commencer neuf mois avant la naissance… » La musique est omniprésente à la maison, et nos enfants déjà *intra utero* ont profité de la musique que nous avons pratiquée à ce moment-là, et de tout ce que nous avons pu écouter. Jeunes parents, nous n'avions pas les moyens de prendre de baby-sitter, mais nous ne voulions pas pour autant ne plus rien faire. Nous avons donc toujours emmené nos enfants un peu partout avec nous, chez nos amis, mais aussi plus tard à des concerts. Pendant plusieurs années, nous avons accueilli notre ensemble vocal dans notre appartement pour les répétitions. Les enfants, au départ surtout Gaël et Blanche, écoutaient et nous imitaient depuis leur lit, c'était assez drôle. Mais la musique entrait en eux ; ils étaient dans un bain musical permanent. En voiture, nous repassions les chansons enfantines qu'ils connaissaient par cœur et qui ont été leur premier répertoire.

Nous n'avions pas de projet musical préconçu pour eux. Nous savions que nous les inscririons à des cours de musique. Mais comment, et où ? Ils étaient encore trop jeunes pour que nous nous posions vraiment la question. Nous pratiquions nous-mêmes la musique ; ils nous suivaient. Les sensibiliser se faisait surtout de façon inconsciente, par l'écoute. Leur première grande expérience s'est déroulée à la chapelle royale du château de Versailles. William Christie dirigeait son ensemble Les Arts Florissants, c'était merveilleux ! Je me souviens que les personnes autour de nous étaient étonnées de voir de si jeunes enfants assister à un concert de musique classique. Il est certain qu'ils rajeunissaient grandement la moyenne d'âge. Par la suite, nous avons renouvelé l'expérience dans d'autres lieux. La Chabotterie en Vendée, le théâtre du Châtelet, l'Opéra royal, et, plus proches de nous, Jean-François Frémont et sa maîtrise dans laquelle les enfants n'étaient pas encore entrés. Le goût de la belle musique s'est développé progressivement chez eux tandis que se forgeait le goût du beau. Ces lieux d'exception sont porteurs de sens. Nous avons conscience que c'est une chance d'être si bien entourés, mais nous avons su en profiter autant que possible. Noël ou les anniversaires étaient de bonnes occasions pour s'offrir un beau concert. Ces expériences vécues en famille étaient de bons moments de vie fraternelle. Nous mettions ainsi en pratique cette phrase des Psaumes : « Qu'il est doux pour des frères de demeurer ensemble » (Ps 133:1). Avant chaque sortie en famille, il régnait dans la maison une espèce d'excitation, une joie intense. Les grands étaient fiers de sortir avec leurs parents et de laisser les petits à la maison. Je pense qu'il ne faut pas hésiter à faire découvrir aux enfants les nombreux spectacles destinés à la jeunesse, mais les emmener aussi dans ceux plutôt destinés aux adultes leur donne l'impression « d'être des grands ». Et ils en redemandent. Nous sommes pour le mélange des générations. C'est très enrichissant pour les uns et les autres, et la musique permet justement de faire un pont entre les deux. Ce n'est pas la musique de leurs parents, c'est désormais aussi la leur ! Le fait d'écouter de tout permet à chacun de s'accepter, de s'intéresser à l'autre et de limiter les clivages générationnels. Cela surprend beaucoup les gens qui viennent à la maison de découvrir notre, ou plutôt nos programmations musicales, avec leurs différences de registre. Nous pouvons passer de l'écoute d'une cantate de Bach au dernier titre à la mode, l'instant d'après. Parfois, certains enchaînements sont plus difficiles que d'autres, mais cette diversité musicale nous plaît beaucoup, et nous aimons tout particulièrement partager nos dernières découvertes.

Grâce à notre enceinte Bluetooth, chacun peut choisir sa musique à son tour et la proposer aux autres membres de la famille.

Le choix de l'enseignement que les enfants vont suivre est un autre élément important, et même primordial, de l'apprentissage de la musique. Cela contribue aussi à développer une culture commune. Il n'y a pas un seul chemin pour devenir musicien. Nous avons déjà abordé la question du don et du talent. Dans notre famille, avec nos six enfants, nous avons fait des choix différents en fonction de leur personnalité, des opportunités, des cursus proposés par les écoles de musique. Nos quatre derniers sont encore très jeunes, il y a incontestablement une grande part d'inconnu qui demeure quant à leur avenir. En ce qui concerne leur formation musicale, pour certains, ce fut le conservatoire, avec le parcours classique, formation musicale, instrument, chorale, c'est un cursus long et fastidieux, où il faut beaucoup de persévérance. Mais cette formation est solide sur beaucoup de plans.

Pour d'autres, on a choisi de les inscrire à la Maîtrise de Notre-Dame de Versailles dirigée par Jean-François Frémont, cité précédemment, depuis près de quarante ans. Là, il s'agit d'un apprentissage de la musique par le chant. Ils commencent tout petits vers 7-8 ans ; Gaël qui a 23 ans y est toujours. Jean-François a une méthode de travail assez stricte, et il ne fait pas beaucoup de concessions ; il faut être bien accroché pour suivre son rythme. Il transmet inlassablement à ses petits chanteurs avec une réelle exigence et un amour de son métier. C'est un excellent transmetteur qui ne se lasse pas de raconter, de nourrir et de parsemer ses répétitions, d'anecdotes diverses sur tous les sujets ayant rapport à la musique. Cela nous vaut parfois de grandes parties de rigolade car il nous fait beaucoup rire sous ses airs sévères. Les garçons trouvent d'ailleurs qu'il est devenu beaucoup trop gentil et permissif avec les plus jeunes. Soit dit en passant, ils disent la même chose de notre éducation des plus jeunes, on leur laisserait tout passer, selon eux… Tout cela pour dire que nos enfants et nous également avons beaucoup appris avec Jean-François. Au-delà de cette formation, autant musicale qu'humaine, ce sont de véritables chocs esthétiques qu'ils vivent régulièrement. Pour rien au monde, ils ne voudraient arrêter. Faire partie de cette Maîtrise leur a permis de côtoyer de nombreux musiciens professionnels, chanteurs et instrumentistes lors des concerts ou messes dominicales ; ces fréquentations les tirent vers le haut, leur donnent le désir de faire mieux et leur font acquérir le goût de l'excellence. Ainsi, Gaël et Blanche, qui a elle aussi beaucoup chanté avec Jean-François, ont fait le choix d'une carrière artistique en chant lyrique. Pour cela, ils suivent des cursus au conservatoire en plus de la Maîtrise pour se former au niveau vocal et compléter leur formation de base – un chanteur ou un musicien n'a jamais fini d'apprendre ou de se former. Même si la technique est là bien en place, les cordes vocales ou les membres du corps dont l'instrumentiste se sert ont toujours besoin d'être en action pour garder le niveau. On peut établir un parallèle entre la musique et le sport de haut niveau.

En ce qui concerne nos plus grands enfants, la transmission continue de s'effectuer *via* nous deux, mais c'est surtout la rencontre de musiciens extérieurs qui nourrit leur potentiel vocal ou musical. Nous sommes des coéducateurs, avant de vraiment passer la main. C'est une vraie joie de les voir évoluer ; cela est même très émouvant. Le premier duo de Blanche (soprane) et Gaël (contre-ténor) demeure un souvenir mémorable ; ils nous ont fait ce cadeau lors de nos vingt ans de mariage. Ils avaient 16 et 17 ans, à l'époque. Ils ont chanté le *Quando Corpus Morietur* et le « Amen » du *Stabat Mater*[1] de Pergolèse. C'était assourdissant de beauté. Ils ont bien sûr encore progressé depuis, mais nous ne savions plus qui regarder ! Et dire qu'il s'agissait de nos enfants… C'était un merveilleux cadeau du ciel !

1.

Vouloir le meilleur pour ses enfants est le désir de chaque parent, difficile de savoir si notre enfant sera virtuose ou non, ce qu'il fera de sa vie. Ce qui est sûr, c'est que, dans le domaine de la musique, tout le monde a sa place : les artistes musiciens qui deviennent professionnels ont besoin d'auditeurs. J'aime ces mots de Zoltán Kodály, cité plus haut : « Chaque formation ne destine pas tout le monde à devenir de futurs professionnels, mais également à constituer un public pour les salles de concert. » Selon nous, cela est juste, les salles de concert ne peuvent se remplir si le public n'a pas cette appétence et si son oreille n'a pas été un minimum formée, s'il n'a pas été incité à aller écouter les œuvres jouées, si son désir n'a pas été suscité. Les ressources musicales sont inépuisables et de toutes natures, il y a toujours à découvrir. Éduquer les enfants dès tout petits à connaître, goûter la musique, l'apprécier, fera d'eux des musiciens interprètes amateurs ou professionnels peut-être, mais aussi et pour beaucoup des auditeurs admiratifs et connaisseurs.

16

Viser l'excellence

Anne et Gabriel : Des questions reviennent souvent à propos de notre répertoire : « Que chantez-vous ? » ; « De la musique sacrée, seulement de la musique sacrée ? » ; « Vous aimez le grégorien ? » ; « N'est-ce pas une musique de musée ou réservée aux religieux ? » ; « En quoi cela nourrit-il encore aujourd'hui la création ? ».

Cette plénitude qu'apporte le chant rend heureux, nous l'avons dit. C'est particulièrement vrai dans la musique sacrée. Nous écoutons et apprécions beaucoup de styles de musique, mais c'est bien la musique sacrée que nous interprétons essentiellement. Cela s'est fait naturellement. C'est une pratique qui apprend la maîtrise de soi, l'écoute de l'autre et le goût de l'excellence. Et la musique sacrée possède un répertoire extrêmement riche en matière de chant choral. La cohérence entre notre goût pour la musique, l'harmonie et notre foi s'est donc traduite par une pratique naturelle du chant choral sacré. Ce type de musique tient une place centrale dans nos vies, et elle n'est pas pour autant exclusive. Cette pratique s'est installée petit à petit dans la famille sans que l'on programme cela comme un objectif. C'est plutôt un fruit de notre quotidien. Cela a commencé lors de la prière familiale. Un moment privilégié où nous nous retrouvons chaque jour. Nous avions pour habitude de terminer ce temps par un chant. Avec les années, les enfants grandissant, le chant est passé d'une mélodie à une voix à une mélodie à deux voix, et cela jusqu'à arriver à de la polyphonie à quatre voix. La pratique du chant en dehors de la famille a par ailleurs apporté à chacun une solide formation, nous permettant de nous aventurer sur des répertoires encore plus exigeants et stimulants.

Le chant sacré est pour nous le langage musical qui nous est le plus naturel. Il associe le fond et la forme, la beauté de la musique avec le texte. Il nous apporte une véritable plénitude, nous apaise. C'est un vrai facteur d'unité personnelle et familiale.

Anne : Je m'amuse toujours de la mine surprise et déconfite de mes petits élèves lorsque je leur dis que la musique est silencieuse. « Mais, madame, la musique fait du bruit, la musique émet des sons. Où est le silence dans la musique, on ne comprend pas ! »

À l'heure des smartphones, des comptes Spotify, TikTok, YouTube, et bien d'autres, c'est la culture du fond sonore, du bruit qui prime, le bruit recherché, le bruit aimé, le bruit amplifié. Le bruit dans lequel on se complaît. Mes élèves ont bien raison : dans la musique qu'ils écoutent, il n'y a pas de place pour le silence, on remplit au maximum, on tend, on amène au climax ; alors intégrer un silence serait bien osé et surtout malavisé. Les faiseurs de musique actuelle l'ont bien compris, on perdrait les auditeurs. Le silence fait peur, il ressemble au vide, peu de monde aime le vide. Partout où nous allons se crée le besoin de meubler, de combler ce vide : magasins, cinémas, restaurants, au travail, etc.

Le silence serait donc un luxe, une denrée rare ?

Mais comment expliquer à mes petits élèves et à toute personne cherchant la paix du cœur que dans la musique on peut rencontrer le vrai silence, celui qui permet de trouver cette tranquillité. Et que ce silence volontaire que l'on cherche finit par s'entendre !

Je dis de la musique qu'elle est silencieuse. De ma propre expérience, elle apaise, elle console, elle ouvre notre oreille à l'ineffable. Elle pénètre nos âmes de sa lumière et elle a le pouvoir de calmer leur tumulte intérieur. Elle brille comme une étoile au milieu d'une tempête. Elle chante alors le « doux langage des anges » (Thérèse de Lisieux). L'âme, peu à peu, se sent conquise par la musique qui occupe l'espace et vit en nous. Mais nous ne pouvons la laisser nous pénétrer de son pouvoir que si nous lui ouvrons notre cœur. Et seul le silence le permet. Pour entendre, pour écouter, il est nécessaire de se taire et d'être attentif. La musique prédispose au silence et il se crée entre les deux un juste échange. De la musique au silence et du silence à la musique.

La musique en tant que telle, écrite sur une partition, chantée ou jouée n'a pas de raison d'être si elle n'intègre pas le silence. Le silence ponctue, il anime une mélodie, il lui donne du relief en faisant résonner un accord, il lui donne sa raison d'exister. Le silence permet aussi de respirer, il s'intègre dans le temps et nous donne de laisser passer une émotion, de faire place à la réflexion. Il nous amène à la méditation, à la contemplation.

Pourrait-on imaginer le paradoxe d'une musique qui atteindrait le silence parfait et exprimerait la cessation de tout bruit ? Cela paraît irréalisable sur Terre. Pourtant un bruit transformé par le silence peut devenir harmonieux, il se ferait plus discret et ne serait plus qu'un son coexistant avec le silence.

Ainsi éduqué, le bruit laisse la place à la musique telle une danse du silence et du son.

Notre silence est toujours peuplé de sons. Notre monde matériel fourmille de sons de toute sorte. Éliminer un son nous conduit toujours à en entendre un autre. Un monde où il n'y aurait pas de son, où régnerait un silence total ne serait pas de ce monde. Seul le silence de Dieu est total. Nous devons donc ne concevoir le silence que de façon partielle et relative. Et accepter de ne goûter qu'à une ébauche du silence.

Mais de quoi se remplit le silence ?

Dans le royaume de l'âme, entre la terre et le ciel, ce pourrait être la musique des anges. Plus proche de nous, il se remplit de la résonance de l'accord qui vient d'être joué et qui se perd suspendu dans l'espace. Mais pensons aussi aux silences mélodieux de la nature. Quelle joie de contempler ce merveilleux berceau de paix. Ne nous privons pas d'écouter les demi-silences de la nature car elle recèle une véritable symphonie de sons plus harmonieux les uns que les autres. Dans le silence chaud des soirs d'été au clair de lune, on sent que la terre s'apaise. Au loin chante un crapaud, on entend les grillons qui prennent le relais des dernières cigales. Et au petit matin, les oiseaux chantent ! Le clapotis des vagues au bord de la mer se fait entendre, et toute cette musique de la nature se distingue grâce au silence de la nuit qui commence ou s'achève… « Quelle beauté dans la terre, dans la mer, dans le ciel, dans les astres ! » (Saint Augustin)

Chacun peut alors rêver en contemplant la richesse inépuisable de la nature. Elle nous permet de mesurer jusqu'où peut aller l'intensité du silence qui nous entoure. Si nous-mêmes faisons silence, notre âme se met à l'écoute de la musique de la nature. Nous apprécierons mieux les silences musicaux et la résonance des accords. De la même façon, si nous faisons silence nous entendrons mieux tout ce qui se passe autour de nous. Nous deviendrons plus attentifs aux autres, nous serons en mesure de les contempler et de les aimer. Restaurons le silence dans nos vies, écoutons de la musique dans le silence. La musique nous y invite, la musique nous appelle au silence, elle nous y conduit. Elle est la beauté qui clôt les lèvres. La musique est silencieuse.

Gabriel : La musique sacrée nous ouvre un choix immense et quasi infini qui nous permet de rester les premiers émerveillés face à la beauté de ce que nous découvrons. Nous nous faisons interprètes d'œuvres de toutes les époques. Cela a un côté fascinant, et nous permet de voyager dans le temps.

Nous attachons un soin particulier au choix du répertoire. Nous pensons en effet que tout ne se vaut pas. Pour certains, ce qu'on appelle le grand répertoire fait partie de la musique savante. Je trouve que cette appellation peut de prime abord effrayer. Il est vrai que c'est une musique qui nécessite d'être écrite ou interprétée après une solide formation. En revanche, il n'est nul besoin pour l'entendre et l'apprécier d'avoir fait de longues études. Je voudrais proposer une comparaison assez parlante à mes yeux. Nous avons la chance de vivre dans le pays de la gastronomie. Nous sommes capables de faire la différence entre une cantine, un fast-food, une brasserie et un restaurant gastronomique. Il faut avoir été bien formé pour cuisiner, mais nul besoin de savoir cuisiner pour déguster. En musique, je trouve que l'échelle est identique.

L'important est de savoir distinguer et nommer les choses. Ici encore, d'être dans la vérité, ce que nous essayons de faire. Nous écoutons tous les styles de musique, nous l'avons dit. Nous souhaitons faire goûter cette diversité à nos enfants tout en leur apprenant à reconnaître les caractéristiques plus ou moins nobles d'une musique. Manger exclusivement des hamburgers ou exclusivement de la nourriture gastronomique me semble réducteur. En revanche, si l'on donne accès au plus grand nombre à tout ce panorama musical, en particulier en popularisant les musiques plus « savantes » sans ignorer les autres, on offre de nouvelles perspectives à chacun. Alors, pourquoi s'en priver ? C'est ce que nous avons essayé de faire en participant à l'émission. Outre les perspectives presque infinies offertes par cette ouverture, il nous semble, par exemple, que le grand répertoire en musique sacrée a un effet bénéfique sur l'ensemble de la personnalité des êtres. Nous avons pu en juger dans l'éducation de nos enfants, que nous avons déjà abordée. Nous avons toujours remarqué lors de nos répétitions que le silence, la concentration et l'investissement de chacun étaient bien meilleurs lorsque nous travaillions des pièces plus difficiles ou plus élaborées. De même pour le choix des programmes lors de nos concerts, la motivation est toujours plus forte pour ce type de répertoire. L'exigence, la performance, une sorte de difficulté est finalement plus stimulant que la facilité. C'est bien un encouragement à aller toujours plus haut, à viser toujours à faire le mieux possible.

Par ailleurs, je pense que l'on peut établir une double classification. S'il y a effectivement une hiérarchie à établir entre les différents styles de musique, il existe aussi des différences très nettes de qualité dans chaque style. Il convient de discerner ce qui est qualitatif et ce qui ne l'est pas. Ce qui est vrai en musique sacrée l'est à mon sens dans tous les domaines : la musique populaire, la pop, le rock, la chanson, le reggae, la dance, l'électro, le rap, mais aussi dans la musique classique ou encore dans la musique liturgique. Ce n'est pas parce qu'il s'agit de musique classique ou sacrée que cette musique est bonne ou pas. Les meilleures intentions ne peuvent suffire à justifier certains types de création. De même que la sincérité d'une démarche ne peut suffire à rendre une musique belle ou bonne.

Si les parents s'extasient devant les premiers dessins de leurs enfants, cela n'en fait pas pour autant des œuvres d'art. Il en va de même en musique. Il convient de respecter certaines règles. Il faut donc se former et travailler. C'est vrai en musique comme dans tous les domaines de la vie. Je ne crois pas beaucoup dans la génération spontanée. Nous en revenons à ce qu'Anne disait plus haut au sujet du don, du talent et du travail. Bien sûr, nous avons tous des dons et des talents différents qu'il convient de découvrir, mais sans travail et sans formation, cela ne peut suffire.

Heureusement, il y a de très nombreux compositeurs de talent, et même de génie, qui ont justement travaillé pour donner le meilleur. Nous avons ainsi eu la chance de chanter de nombreux chefs-d'œuvre. En réalité, le temps fait souvent le tri. On découvre ainsi que l'important n'est pas que la musique soit à la mode mais tout simplement qu'elle soit belle, que la beauté n'a pas d'âge. En vérité, peu importe l'époque où la musique a été composée. D'ailleurs, une des caractéristiques uniques de la musique est qu'elle devient vivante dès lors qu'on l'interprète ; l'interprète fait revivre les œuvres. Ainsi une musique composée au

XVIIe siècle et que l'on interprète aujourd'hui est une réalité et absolument pas un vestige du passé. Ceci est particulièrement vrai en musique sacrée. Dans un monde où l'on oublie souvent le pourquoi de nos vies, cette musique apporte une transcendance. Même si elle a été écrite hier, elle nous permet de nous dépasser et de prendre de la hauteur aujourd'hui, oriente nos langues et nos cœurs vers la louange, qui est une forme de bénédiction, dans le sens premier et véritable du mot. Et tout cela nous mène sur le chemin du bonheur.

Je me souviens très bien du meuble de musique chez mes parents, quand j'étais jeune. Il y avait la platine vinyle, l'amplificateur et toute une collection de 33 tours. Il était inconcevable d'écouter de la musique à la radio ! La collection de disques de mon père était essentiellement instrumentale. Je me rappelle notamment toutes les symphonies de Beethoven dirigées par Herbert von Karajan. Mon père aimait aussi beaucoup tous les grands ténors de l'époque : Enrico Caruso, Beniamino Gigli, etc. À cette époque, je n'étais pas encore très sensible à la musique vocale en particulier, mais c'est bien cette culture de l'écoute qui m'a donné le goût de la musique. Ce n'est que plus tard, lorsque je me suis mis à chanter, que je m'y suis intéressé. Essentiellement grâce à la musique sacrée et, en particulier, grâce aux polyphonies pour chœur.

Je venais de muer quand je suis entré dans la chorale paroissiale. Je me souviens que, à cette époque, on m'avait parachuté dans le pupitre des basses pour ne pas fatiguer ma voix ! Avec du recul, il faut reconnaître que cela avait un côté un peu ridicule. Imaginer que je puisse à l'époque chanter avec les basses tenait plus d'une blague du 1er avril. Il est vrai que j'arrivais de chez les scouts où, quand on vient de muer, on essaie de chanter de la façon la plus grave possible pour essayer de paraître plus viril. Sur le moment, j'étais très content. Mais, quelques mois plus tard, on m'a fait passer dans le groupe des ténors. Et là, ç'a été une révélation. Je pouvais chanter toutes les notes. C'était comme si j'avais marché pendant des mois avec des chaussures qui n'étaient pas à ma taille et que, d'un coup, on me donnait la bonne pointure. Évidemment, j'avais tout à apprendre en matière de technique, mais c'était vraiment une merveilleuse sensation. Cela m'a fait comprendre que, pour chanter, il faut vraiment trouver les fréquences où on est à l'aise. Aujourd'hui encore, lorsque je me retrouve en situation de chanter de façon impromptue avec des amis qui entonnent un chant sur une tonalité trop grave, je suis très mal à l'aise. Je crois que cela peut expliquer pourquoi certaines personnes pensent qu'ils ne savent pas chanter. Si l'intonation ne correspond pas à votre voix, il est quasiment impossible de chanter. Si, en revanche, on recommence dans une autre tonalité, cela change tout et cela peut être une véritable réussite. Le fait de chanter en polyphonie est donc formidable. Cela permet à chacun de trouver sa juste place et d'apporter sa pierre à un édifice incroyablement puissant. Lorsque l'on chante en chœur, on fait l'expérience de l'équilibre et de l'harmonie.

En famille, lors de nos concerts, nous prenons conscience dans ces moments-là que nous sommes des instruments de quelque chose de plus grand que nous. La musique nous traverse et nous en sommes l'instrument. Nous rendons vivante et réelle une musique qui nous nourrit et nous transforme les premiers. Comme un vitrail traversé par la lumière, nous sommes éblouis, fascinés, transformés. Cela nous aide humblement à prendre conscience de notre place, mais avec à la fois la conscience et la joie d'être l'ouvrier indispensable de cet infiniment beau.

Anne et Gabriel : Nous aimons beaucoup la musique baroque. Ce qui est assez extraordinaire, c'est qu'il y a de véritables caractéristiques de composition selon les pays. L'Italie, l'Angleterre, l'Allemagne, l'Espagne, la France ont tous un socle commun mais de véritables spécificités.

1.

Chez les Italiens, c'est souvent le foisonnement, une sorte d'abondance qui domine. Nous avons par exemple eu l'immense joie de pouvoir chanter ce monument que sont *Les Vêpres de la Vierge* de Claudio Monteverdi. Un de nos rêves se réalisait. Découvrir cette œuvre magistrale a été une de nos plus grandes joies musicales. Nous vous recommandons la version de John Eliot Gardiner, interprétée dans la célèbre basilique Saint-Marc de Venise, lieu pour lequel l'œuvre a été créée en 1610. Cette version n'a pas pris une ride, majestueuse, festive, explosive, contemplative. Ces *Vêpres de la Vierge* sont une œuvre incontournable pour nous car tout est à sa juste place, de l'orchestre au chœur en passant par les solistes. L'écriture est profonde et brillante. À écouter[1] !

Chez les Allemands, c'est souvent une sorte de perfection mathématique qui force le respect. Merveilleuse musique allemande, on peut citer Bach, ce maître absolu, mais aussi Shütz, Buxtehude, Bruhns, Beethoven, Brahms et tant d'autres.

2.

Chez les Anglais, on retrouve fréquemment une sorte de solennité et de sérénité triomphante.

Par exemple, vous pouvez écouter le *Dixit Dominus*[2], une

1.

œuvre de jeunesse jubilatoire de Haendel. Dans lequel on retrouve par exemple le *De torrente in via bibet*[1], céleste duo de sopranes sur tapis de voix d'hommes, on se croirait au paradis. Comment des compositeurs ont pu écrire des pièces comme celle-ci où passent autant d'émotions. Un autre génie anglais que nous aimons tout particulièrement est Henry Purcell qui sait illustrer en musique les sentiments de façon très expressive. Son célèbre « Air du froid[2] » a d'ailleurs été repris de nombreuses fois. Nous avons également un coup de cœur pour une pièce composée par l'organiste John Blow, qui fut son professeur, que nous vous conseillons ici : *An Ode on the Death of Mr Henry Purcell*[3] est une mise en musique d'un poème de John Dryden, collaborateur attitré de Purcell, datant de 1696.

2.

3.

La musique française n'est pas en reste ; nous y trouvons un équilibre incroyable qui allie toutes les caractéristiques précédentes. C'est vrai dans la musique d'opéras et de ballets, comme *Les Indes galantes* de Jean-Philippe Rameau. Nous pensons en particulier au célèbre « Air des sauvages[1] » dans la version mise en scène à Paris en 2003 par les Arts Florissants avec Patricia Petibon. C'était l'époque où l'on trouvait exotique d'avoir à la cour des Indiens revenus des îles. C'est également vrai dans la musique sacrée où l'on tutoie la perfection. Nous pensons aux motets de Henry Du Mont et plus encore à ceux de Marc-Antoine Charpentier qui est probablement le compositeur français que nous connaissons le mieux pour l'avoir beaucoup chanté – écoutez son splendide *Magnificat* H.73[2], écrit pour trois voix d'hommes sur basse obstinée. Cette inlassable ritournelle que l'on voudrait interminable donne un avant-goût de l'éternité et du paradis. Toute l'école française du XXe siècle nous ravit tout autant : Gabriel Fauré, Maurice Duruflé, qui a fait honneur au chant grégorien que nous affectionnons particulièrement en intégrant les mélodies grégoriennes dans de nombreuses de ses œuvres, Requiem, motets et particulièrement le plus connu le

Ubi Caritas[1], et Francis Poulenc ont écrit parmi les plus belles pages de la musique sacrée plus récente.

Actuellement, dans ce registre, c'est plutôt vers les compositeurs anglais ou de l'Europe du Nord que nos goûts se tournent. Cela ne nous empêche pas d'apprécier d'autres musiques. Le fameux *Orlando Furioso* de Vivaldi, que nous avons eu la chance d'entendre à Beaune sous la direction de Jean-Christophe Spinosi : un moment de magie que nous garderons toujours en mémoire…

1.

17

Et maintenant ?

Anne et Gabriel : Rester nous-mêmes, au service de la beauté musicale, nous a aidés dans le choix de notre programme pour la finale. Nous sommes parvenus à trouver le juste équilibre entre le fond et la forme, entre ce que nous aimons, ce qui parle à notre cœur, également à notre goût, mais aussi à proposer quelque chose qui reste accessible au grand public.

Nous doutions très sérieusement que notre prestation lors de la finale nous permette de remporter la victoire. Mais nous tenions plus que tout à donner le meilleur de nous-même compte tenu des circonstances. Même si, comme nous l'avons déjà dit, à partir du moment où l'on participe à ce type d'émission, l'esprit de compétition reste présent. Nous avions évidemment tous envie de gagner. Lorsque le résultat a été annoncé, nous avons été envahis par un mélange de surprise et de satisfaction.

Après la demi-finale, où nous avions découvert l'enthousiasme que pouvaient déclencher nos prestations, la victoire en finale, elle, nous a propulsés dans une nouvelle dimension : nous étions entrés dans la catégorie médiatique des stars. Un terme qui nous paraissait, et nous paraît toujours, étonnant pour nous qui étions et sommes toujours les mêmes hier et aujourd'hui. Il nous a fallu prendre conscience que la victoire nous avait effectivement fait entrer dans une catégorie d'artistes différents ; cela nous a pris un peu de temps. Plus que la victoire, c'est d'ailleurs plutôt l'effet produit par la télévision et la médiatisation qui a changé les choses dans notre quotidien. Et même si nous ne le souhaitons pas, c'est un fait. Nous avons peu à peu accepté cette nouvelle réalité et trouvé des réponses à de nouvelles questions que nous nous sommes posées. Qu'allions-nous faire de ce nouveau statut ? Comment allions-nous composer avec en ne perdant pas nos valeurs et en gardant la tête froide ? Nous avons particulièrement apprécié un article paru dans la presse après la finale. Nous y étions présentés comme antistar-système. Nous ne sommes dans aucun combat, ni anti ni pro. Nous avons essayé de rester ce que nous sommes, et qui nous sommes, sans jouer de cette victoire. Nous l'avons fait parce que cela correspond à nos valeurs. Et nous l'avons fait d'autant plus car nous estimons que cela était nécessaire pour le bien de nos enfants et l'équilibre de notre famille. Nous avons répondu aux interviews, aux sollicitations des médias. Mais nous avons évité de faire une annonce ou de publier un post toutes les dix secondes sur les réseaux sociaux pour raconter tout ce que nous faisions ou ce que nous pensions des photos de notre famille publiées dans la presse. Nous avons essayé d'éviter le culte de la personnalité pour continuer à communiquer sur ce qui est le fond de notre démarche ; nous avons l'impression d'avoir réussi à tenir notre cap.

Nous pensons que cette attitude, qui est conforme à ce que nous sommes, à ce désir d'être authentiques, est le socle de toute notre démarche et qu'elle a même contribué à notre victoire en finale de « La France a un incroyable talent ». Si le public a aimé la musique que nous lui avons proposée, il a aussi apprécié, à notre avis, qu'il n'y ait eu de notre part ni fards, ni faux-semblants, ni calcul pour tenter de gagner. Seulement une mise en avant, vraie et incarnée, de quelque chose qui nous anime au fond du cœur. Tout cela est parti de nos valeurs familiales. Celles que nous avons reçues de nos parents et celles que nous essayons de transmettre à nos enfants. Comme nous l'avons déjà dit, nous essayons d'être cohérents, de faire l'unité dans nos vies. Ce succès dans l'émission devait donc être une étape qui ne vienne pas modifier notre chemin de vie, nos valeurs ni nos références. Cela ne doit pas nous faire peur. Nous avons donc décidé d'aller de l'avant en poursuivant l'aventure d'autres manières.

Aller de l'avant, dans un premier temps, c'était continuer notre route en s'engageant dans l'enregistrement d'un nouvel album, dans l'écriture d'un livre, la programmation de concerts plus réguliers et plus nombreux que par le passé. Un menu déjà copieux.

Gabriel : Quelques jours après la finale, nous avons reçu un mail d'Universal Music, partenaire de « La France a un incroyable talent ». Le label MCA souhaitait discuter avec nous d'un projet d'enregistrement. Nous sommes donc convenus de nous rencontrer après Noël 2020. Moi-même producteur phonographique de divers artistes, je me retrouvais pour la première fois de l'autre côté de la barrière : du côté de l'artiste ! Une situation pour le moins cocasse. Voilà qu'après plus de vingt ans de travail quotidien dans l'ombre, pour servir l'essor de plusieurs groupes de musique, je me retrouvais dans la lumière. Il y a comme cela des clins d'yeux (ou Dieu) étonnants dans la vie. Ils ne sont pas programmés. Nous n'avions effectivement jamais imaginé faire carrière. Cette nouvelle situation nous a donc fait encore une fois réfléchir au sens des choses : « Pourquoi nous ? » ; « Pourquoi maintenant ? » ; « Comment s'aventurer dans un album de musique sacrée adressé au grand public ? ». Une chose était certaine pour nous. Enregistrer un disque : d'accord, mais à condition de pouvoir vraiment continuer à faire de la musique sacrée.

Anne et Gabriel : Nous ne croyons pas vraiment au hasard, nous voyons plutôt l'action de la Providence.

Cette proposition a été prise très au sérieux de notre côté. Nous avions dit oui une première fois pour participer à l'émission alors même que nous pensions être un peu des OVNI dans le paysage audiovisuel. Alors pourquoi ne pas aller plus loin ? Pourquoi ne pas réfléchir à un projet d'album qui nous ressemble ? Cela impliquerait d'avancer dans un monde nouveau, d'accepter d'autres expositions de la famille devant le grand public et probablement dans de nombreux médias. Et aussi d'être prêts à faire face au succès s'il advenait. Nous avions déjà expérimenté que la famille – le fait d'être unis, d'être plusieurs – est une force pour aller de l'avant mais aussi pour affronter les difficultés, répondre aux sollicitations ou encore résister aux éventuelles sirènes du succès et de la culture de l'ego. C'est donc avec prudence, mais une forme de sérénité, que nous avons répondu positivement à la sollicitation d'Universal.

Les discussions ont commencé. Il nous a fallu plus de trois mois de dialogue pour arriver à bien se comprendre, pour trouver une ligne artistique qui pouvait à la fois convenir au label grand public et à notre goût et nos exigences. Encore une fois, je pense que l'atout principal dans nos discussions a été que, de part et d'autre, nous avons vraiment pu échanger dans la vérité.

Avoir gagné l'émission en ayant proposé un tel répertoire était un argument fort pour encourager toute l'équipe autour de nous dans cette direction. Le projet était ambitieux, avec pour objectif une sortie de l'album dans l'année. Les échanges ayant débuté au mois de janvier, cela laissait donc moins d'un an pour passer la ligne d'arrivée. Alexandre Leclerc, le directeur du label MCA, a mis à notre disposition une équipe très complémentaire et très professionnelle. Nous voulions faire découvrir au public certaines pièces du répertoire peu connues mais splendides. Tout en enregistrant des pièces récentes auxquelles nous sommes attachés, et en offrant au public certains incontournables.

En avril, nous avons décidé de partir une semaine en famille nous isoler afin de travailler le programme du disque. Conscients de l'enjeu, nous voulions nous préparer suffisamment tôt à l'exercice de l'enregistrement. Ce travail en amont était indispensable, enregistrer en famille avec de jeunes enfants est une véritable performance. Cette semaine de résidence a été l'occasion de nous retrouver isolés du monde, avec pour seule activité le chant. Elle restera gravée dans nos mémoires comme un moment très fort pour toute la famille. Nous avons déchiffré et appris de nouvelles pièces. Nous avons travaillé le son et chaque partition, nous avons perfectionné notre technique vocale avec notre coach, Sébastien. Le programme alternait des pièces *a cappella* et d'autres, accompagnées d'instruments.

Le travail a continué les mois qui ont suivi. Au début de l'été, enfin prêts, nous avons pu nous réunir pour huit jours d'enregistrement intensif avec les enfants et des musiciens amis.

Ce côté amical, familial à plus d'un titre, a été un vrai plus pour nous.

Parallèlement à ce travail vocal et musical, nous avons beaucoup travaillé de manière fructueuse avec nos directeurs artistiques, Édouard et Benjamin, pour trouver un fil conducteur.

Le concept, la thématique et l'articulation se sont imposés au fur et à mesure. L'album s'appellerait *Ad Vitam*. Il serait pour nous l'occasion d'illustrer au travers de la musique sacrée les diverses facettes de la vie. Ce projet passionnant avait énormément de sens. L'album a une portée universelle, il s'adresse à tous les publics, mais, surtout, il célèbre la vie dans tous les sens du terme. Au fil des différentes pièces que nous avons choisies, nous avançons sur le chemin de nos vies, qui nous oriente vers l'éternité et cette recherche du bonheur qui nous habite tous. Nous espérons qu'il sera une véritable bénédiction pour tous ceux qui pourront l'écouter.

18

Une mélodie du bonheur ?

Gabriel : Nous avons déjà dit que beaucoup de monde nous compare à la famille von Trapp. On nous demande souvent si la musique nous apporte le bonheur, comme si nous vivions obligatoirement dans le bonheur.

Ah le bonheur…

Le bonheur n'est pas un vain mot. Mais qu'est-ce ? Peut-on seulement parvenir à en donner une définition ? Est-ce la famille, les enfants, le couple, l'amour, une passion commune comme la musique, la foi ? Le bonheur est-il communicable ou communicatif ? Communicable par le chant, par le témoignage ? Enfin peut-on apprendre à être heureux ? Y a-t-il une vie heureuse ou des secrets pour être heureux ? Et la foi, indispensable en ce qui nous concerne, qu'apporte-t-elle ?

Autant de questions qui nous traversent. Les réponses, elles, sont complexes, et si une seule réponse simple existait, elles n'auraient plus lieu d'être. Et la vie perdrait d'ailleurs sans doute beaucoup de sa saveur…

Pour en revenir à la famille von Trapp, on oublie qu'elle a dû faire face à de nombreuses difficultés et a mené un véritable combat pour aller de l'avant. *La Mélodie du bonheur* n'est que le titre du film. Ce qui est exemplaire et passionnant dans leur histoire, c'est précisément tout le chemin qui a été parcouru. Leur choix de vie et leur fidélité au cap qu'ils se sont fixés.

Ainsi, selon moi, le bonheur est une quête, probablement la quête de toute une vie. Un cheminement existentiel. Un but pas si évident que cela à atteindre, mais une véritable quête humaine. Tout d'abord, je pense qu'il est important de ne pas confondre bonheur et plaisir. Le plaisir est passager. On peut l'acheter. Le bonheur, quant à lui, est un état durable auquel on souhaite parvenir. Cela est aussi lié à notre vocation. Il me semble que la notion de bonheur est inhérente à un bien supérieur. C'est pour cela qu'il est si difficile d'y arriver. On dit d'ailleurs souvent que « le bonheur n'est pas de ce monde ». C'est une façon d'exprimer que nous sommes attirés par quelque chose de plus grand. Quelque chose qui nous dépasse, quelque chose que l'on ne sait pas vraiment décrire mais dont nous avons soif. Je ne crois pas qu'il existe des secrets pour atteindre le bonheur. Je pense plutôt, en revanche, qu'il y a quelques certitudes. Le bonheur est la conséquence ou le fruit d'une action. Nous avons tous fait, me semble-t-il, l'expérience de cette sensation de bien-être, de satisfaction, qui s'empare de nous après que l'on a fait une bonne action : ce simple regard de reconnaissance qui brille, ce petit geste de la main lorsque l'on a rendu service à quelqu'un en difficulté, que l'on a aidé une personne âgée à traverser la rue, que l'on a offert un cadeau, donné de son temps, fait du bien autour de soi. Cela nous comble d'une joie indicible. C'est quelque chose de passager, évidemment, mais je crois que cette petite parcelle de joie donne une bonne idée de ce que peut être le bonheur. Il est possible de le chercher un peu partout et en toutes choses. Si l'on a saisi que le bonheur était directement lié à nos actes et à la façon dont nous décidons de conduire nos vies ; si l'on a compris qu'il était le résultat d'une vie tournée vers le bien, on peut alors commencer à le chercher avec plus de persévérance. Mais on se rendra alors compte à quel point le bonheur est difficile à atteindre dans le monde d'aujourd'hui. Nous vivons dans une société qui promeut largement les biens de consommation, les plaisirs à acheter et une multitude de droits individuels à garantir. Posséder et avoir sont les maîtres mots de notre monde. Posséder une belle voiture, avoir une belle situation, le dernier téléphone à la mode, le droit d'assouvir toutes nos envies et tous nos désirs. Cette frénésie de consommation illustre un monde égocentré, si ce n'est égoïste. C'est donc l'exact contraire du type d'action dont je viens de parler, tourné vers l'autre, vers le bien commun. Ce simple constat permet de mieux comprendre pourquoi le bonheur est si difficile à trouver et nous rappelle que ces petits instants de bonheur que l'on ressent ici et là, un peu comme un parfum fugace, ne sont pas durables.

Alors, comment faire ? Je dirais que la persévérance et le courage, seuls, ne suffisent pas.

Je crois que la solution est de donner du sens à nos actes, du sens à notre vie, ainsi qu'un désir profond et une volonté ferme de choisir de faire le bien en toute chose pour avancer sur ce chemin. Dans cette perspective, la religion et la foi sont pour nous, au sein de notre famille et au cœur de nos relations proches, d'une grande aide. Malheureusement, beaucoup de gens disent qu'ils ne peuvent croire en Dieu parce que, si Dieu existait il n'y aurait pas toutes ces horreurs, ces guerres dans le monde. Que, si Dieu existait, Il ne permettrait pas le mal. Le mal… nous y voici. Quand on parle du mal, je me souviens toujours d'une belle histoire qu'on m'a racontée. On la prête à Albert Einstein lorsqu'il était étudiant, mais, même si elle est imaginaire, je la trouve très éclairante. Je vous la livre : un jeune garçon va à l'école. Son professeur ne peut croire à l'existence de Dieu parce que le mal existe dans le monde. Pour le démontrer, le professeur demande à ses élèves : « Dieu a-t-Il créé tout ce qui existe ? » Le jeune garçon lève la main et lui répond : Oui. Le professeur lui rétorque alors : « Si Dieu a tout créé, Il a donc aussi créé le mal puisque le mal existe. Or, si Dieu a créé le mal, alors Dieu est mauvais. Ce qui n'est pas possible : donc Dieu ne peut exister. » Après quelques instants de silence, le jeune garçon lève la main et demande à son professeur. « Monsieur, j'ai une question : le froid existe-t-il ? — Bien sûr, lui répond son professeur, n'as-tu jamais eu froid ? » Le jeune garçon dit alors : « Je ne suis pas d'accord avec vous car, selon les lois de la physique que vous nous avez apprises, ce que nous considérons être le froid est en réalité l'absence de chaleur. Le mot froid a été inventé pour décrire ce que nous ressentons si nous n'avons aucune chaleur. » Prenant confiance en lui, le jeune garçon continue : « Monsieur, l'obscurité existe-t-elle ? — Oui », lui répond le professeur avec un doute dans la voix. Et le garçon de reprendre : « Vous nous avez fait étudier la lumière et mesurer les longueurs d'onde de chaque couleur de la lumière, mais nous n'avons pas pu mesurer l'obscurité car l'obscurité est en réalité l'absence de lumière. Un simple rayon de lumière peut faire irruption dans un monde d'obscurité et l'illuminer. L'obscurité est donc un terme utilisé par l'homme pour décrire ce qui arrive quand il n'y a pas de lumière ». Sur sa lancée, le jeune garçon poursuit : « Une dernière question, monsieur : Le mal existe-t-il ? » Un peu embarrassé le professeur répond : « Bien sûr, comme je l'ai déjà dit. Nous le voyons dans les exemples quotidiens de l'inhumanité de l'homme envers l'homme, dans la multitude des crimes et des violences partout dans le monde. Ces manifestations ne sont rien d'autre que du mal ! Pour le coup, cela est visible et manifeste. » Après un instant de silence le jeune garçon reprend la parole : « Encore une fois, je ne suis pas d'accord avec vous. En fait, le mal n'existe pas, monsieur, ou au moins il n'existe pas de lui-même. Le mal est simplement l'absence de bien. C'est comme l'obscurité et le froid, un mot que l'homme a créé pour décrire l'absence de Dieu. Le mal n'est pas comme la foi, ou l'amour qui existe, tout comme la lumière et la chaleur. Dieu n'a pas créé le mal, monsieur. Le mal est le résultat de ce qui arrive quand l'Homme n'a pas l'amour de Dieu dans son cœur. Il est comme le froid qui arrive quand il n'y a aucune chaleur ou l'obscurité qui vient quand il n'y a aucune lumière ».

J'aime raconter cette histoire car je conçois parfaitement que de nombreuses choses dans nos vies sont intolérables, et que cela peut évidemment nous faire douter de l'existence d'un Dieu bon et aimant. Cette histoire nous permet d'accepter l'idée de l'existence de

Dieu quand bien même le mal nous ferait douter. En tant que croyant, je trouve enfin qu'elle nous aide à comprendre à quel point nous sommes libres de choisir, ou non, de faire le bien.

Si on appréhende le bonheur comme le fruit de l'amour, on voit que, pour l'atteindre, le bon chemin est d'accomplir le bien. Et qu'est-ce que faire le bien, si ce n'est aimer ? Aimer, ce n'est pas prendre pour soi, c'est donner. Bien sûr, nous n'arrivons pas toujours à faire le bien, nos actions sont parfois insuffisantes. Mais si l'on accepte cette possibilité de l'existence de Dieu, et si l'on adhère au raisonnement que je viens d'exposer, on peut faire l'expérience de la foi et de la pratique religieuse, comprendre pourquoi la foi catholique peut nous guider dans cette quête du bonheur, comme une boussole nous indique la direction à suivre. En tout cas, c'est ainsi que nous appréhendons les choses, les autres et le monde, dans ce rapport aimant, altruiste et ouvert à l'Autre.

Tout cela nous guide au quotidien, et nous permet d'échanger de façon sereine en famille sur tous les sujets et de s'accorder sur les réponses à nos questions de façon assez évidente. Ce n'est pas uniquement notre intérêt que nous cherchons à servir, mais un bien plus grand qui nous dépasse. Raisonner de la sorte aide à mieux garder la tête froide, à prendre aussi de la distance par rapport à certains événements, et à avancer de concert. Ainsi chercher le bien en toute chose, ou tout au moins essayer de le faire, nous a permis de faire découvrir à nos enfants la notion d'effort et de dépassement de soi, notamment grâce à la musique. Dans le monde d'aujourd'hui, un monde ultraconfortable où tout est fait pour faciliter la vie, la musique a été et demeure un élément important dans l'éducation que nous souhaitons pour nos enfants. Grâce à la musique, nous avons pu permettre à nos enfants de comprendre et d'expérimenter la différence fondamentale qu'il y a entre plaisir et joie. Se faciliter la vie, à nos yeux, offre un plaisir et une satisfaction immédiate mais peu durable. Et on se rend bien compte avec le temps qui passe que cela ne vient pas combler notre soif de bonheur. Nous avons tous au fond de nous une soif de quelque chose de plus grand. Cet horizon vers lequel on tend est tellement infini qu'il appelle au dépassement de soi. En quelque sorte, la musique, le chant, et le chant choral en particulier, nous incitent à aller au-delà de nos capacités individuelles. C'est une véritable école de vie. Physique, sensible et cérébral, le chant choral est un puissant vecteur de développement personnel. Il unit les personnes les unes aux autres et crée des liens humains profonds. Cela permet de s'ouvrir à une infinité de nuances. Ce sont des moments merveilleux d'écoute, d'attention à l'autre et au groupe ou à la communauté. C'est une école de la recherche de l'équilibre et de l'harmonie, de la justesse et du beau. Le chant choral amplifie nos propres qualités. On expérimente ainsi le bénéfice qu'il y a à être attentif à l'autre. On dit que l'union fait la force… mais on pourrait ajouter que la communion est le chemin qui mène au bonheur.

Pour terminer sur cette quête du bonheur, nous ne pouvons cacher à quel point la foi nous aide à persévérer dans nos choix de vie. Elle est notre fil rouge, notre lumière. Évidemment, tout le monde n'a pas la foi, et nous ne souhaitons pas nous adresser seulement aux croyants. Mais puisque nous avons accepté l'idée de parler de nous, de nous livrer, et que la question du bonheur habite tout un chacun, nous voulons au moins partager avec vous ce qui nous guide. Nous avons beaucoup parlé de musique et de chant et cela explique beaucoup de choses dans notre histoire, mais il y a heureusement une multitude d'autres moyens de chercher le bonheur. Nous avons parlé des talents, un peu plus tôt. Le fait de les découvrir et de les développer en est déjà un. Dans cette quête du bonheur, il semble capital de s'accepter tel que nous sommes et de savoir s'aimer tel que nous sommes. Il faut d'abord réussir à trouver la paix en soi avant de pouvoir aller plus loin. Quand on touche au but, on peut travailler sur ses talents et leur permettre de s'épanouir. Pour nous, comme vous l'aurez compris, il s'agit de la musique. Pour d'autres, ce sera le sport, la peinture, ou bien d'autres activités culturelles ou humanitaires. Dans tous les cas, ce qui nous semble important, c'est encore une fois de développer ses dons et de les partager. De ne pas les garder enfouis ou pour soi, mais de les faire grandir afin de pouvoir en faire profiter les autres. La musique est en cela assez idéale. Elle se partage facilement et donne de l'émotion. La musique oriente tout notre être. La musique sacrée nous permet d'associer la recherche de l'unité, l'écoute de l'autre, la prière. Le tout dans une tension de l'être tournée vers la recherche de l'esthétique, sorte de miroir de la beauté Cette quête du bonheur n'est pas une voie simple. Comme tout le monde, nos vies sont faites de hauts et de bas, mais la pratique de la musique nous aide incontestablement à avancer sur un chemin dont l'horizon et le but sont le bonheur durable. Nous le vérifions chaque jour. Chacun est libre et indépendant sur ce chemin. Chacun est responsable de sa vie, mais, en tant que parents, la transmission de ces repères forts à nos enfants nous semble capitale. Chacun dans sa vie peut et doit trouver ses propres moyens pour l'aider à avancer dans cette quête. Encore une fois, le bonheur est un but à atteindre, comme le sommet d'une montagne que l'on cherche à gravir. Si l'on accepte que le bonheur est le but de notre vie, alors on peut comprendre que le chemin est long et nécessite de la persévérance. Savoir que la route peut être longue nous évite de se décourager et nous permet d'accepter d'avancer pas à pas. Nous ne pouvons que souhaiter à tous les jeunes de se fixer cet objectif dans la vie et d'orienter leur choix dans cette direction. Et de leur rappeler qu'avant d'agir il est toujours bon de se poser les questions suivantes : Est-ce que cette décision ou cet acte contribuera à m'aider à avancer sur le chemin de cette quête du bonheur ? Est-ce que je cherche mon plaisir ou mon bien ? Chercher les réponses honnêtes à ces questions aide à être clairvoyant et à savoir quelle décision prendre pour notre bien, à moyen et long terme.

Alors ne nous arrêtons jamais d'avancer, de désirer le bonheur et la beauté, et n'oublions pas que c'est d'abord en dedans de nous qu'il faut chercher, comme disait Saint Augustin : « Tard je t'ai aimée, Beauté si ancienne et si nouvelle, tard je t'ai aimée ! Mais quoi ! Tu étais au-dedans de moi… »

Merci

Nous recevons beaucoup de témoignages de personnes qui sont très touchées de nous voir chanter en famille. Le vote massif lors de la finale nous a un peu coupé le souffle. Nous savons que c'est d'abord grâce au public que nous devons de vivre une telle aventure. Cette adhésion lors de la finale, ainsi que tous les messages et les rencontres survenus par la suite sont pour nous des encouragements à continuer et à persévérer. Nous voulons les remercier pour leur enthousiasme.

Nous avons découvert le monde de la télévision. Un monde grisant, effervescent, vertigineux, dont l'impact laisse sans voix. Nous avons aussi découvert tous ceux que l'on ne voit pas à l'écran et qui travaillent derrière toutes ces lumières. Nous pensons notamment à toute l'équipe de Fremantle et de M6 qui produisent cette émission avec une forme de simplicité et de bienveillance dont on ne soupçonne pas l'humanité derrière les écrans.

Merci évidemment à Marianne, Hélène, Karine, Antoine et Samy, qui nous ont permis d'y croire grâce à leur émotion si communicative.

Merci à Alexandre Fillon qui nous a accompagnés et aidés avec beaucoup de tact et de discrétion dans cet exercice de l'écriture qui est tout nouveau pour nous.

Bien entendu, nous sommes tout à fait conscients du côté exceptionnel de ce qui nous arrive.

Nous savons que cela est possible car nous avons une famille unie.

Prendre soin chaque jour de cette unité est pour nous une source de joie et de paix.

À nos lecteurs, disons l'importance de tout mettre en œuvre dans nos vies pour privilégier la famille.

Nous savons enfin que rien de cela n'aurait été possible sans les enfants.

Rien de cela n'aurait été s'ils n'avaient partagé les mêmes goûts et les mêmes passions, si eux-mêmes n'avaient été moteurs dans l'aventure.

Nous tenons à dire ici à nos enfants combien nous leur sommes reconnaissants de nous permettre, en tant que parents, de vivre une telle communion, et combien nous les aimons.

Merci

Chanter en chœur et trouver cette harmonie et cet équilibre est pour nous une joie profonde, paisible, presque infinie.

Nous qui avons la foi… c'est un peu comme faire dès à présent l'expérience de ce que peut être la communion des saints.

Table

MIXTE
Papier issu de sources responsables
FSC® C003309

L'éditeur de cet ouvrage s'engage dans une démarche de certification FSC® qui contribue à la préservation des forêts pour les générations futures.

Pour en savoir plus :
www.editis.com/engagement-rse/

Achevé d'imprimer en novembre 2021
par Normandie Roto Impression s.a.s.
61250 Lonrai
N° d'impression : 2105921
Imprimé en France